教科書に
書かれなかった戦争
PART69

画家たちの戦争責任

――藤田嗣治の「アッツ島玉砕」をとおして考える

北村小夜

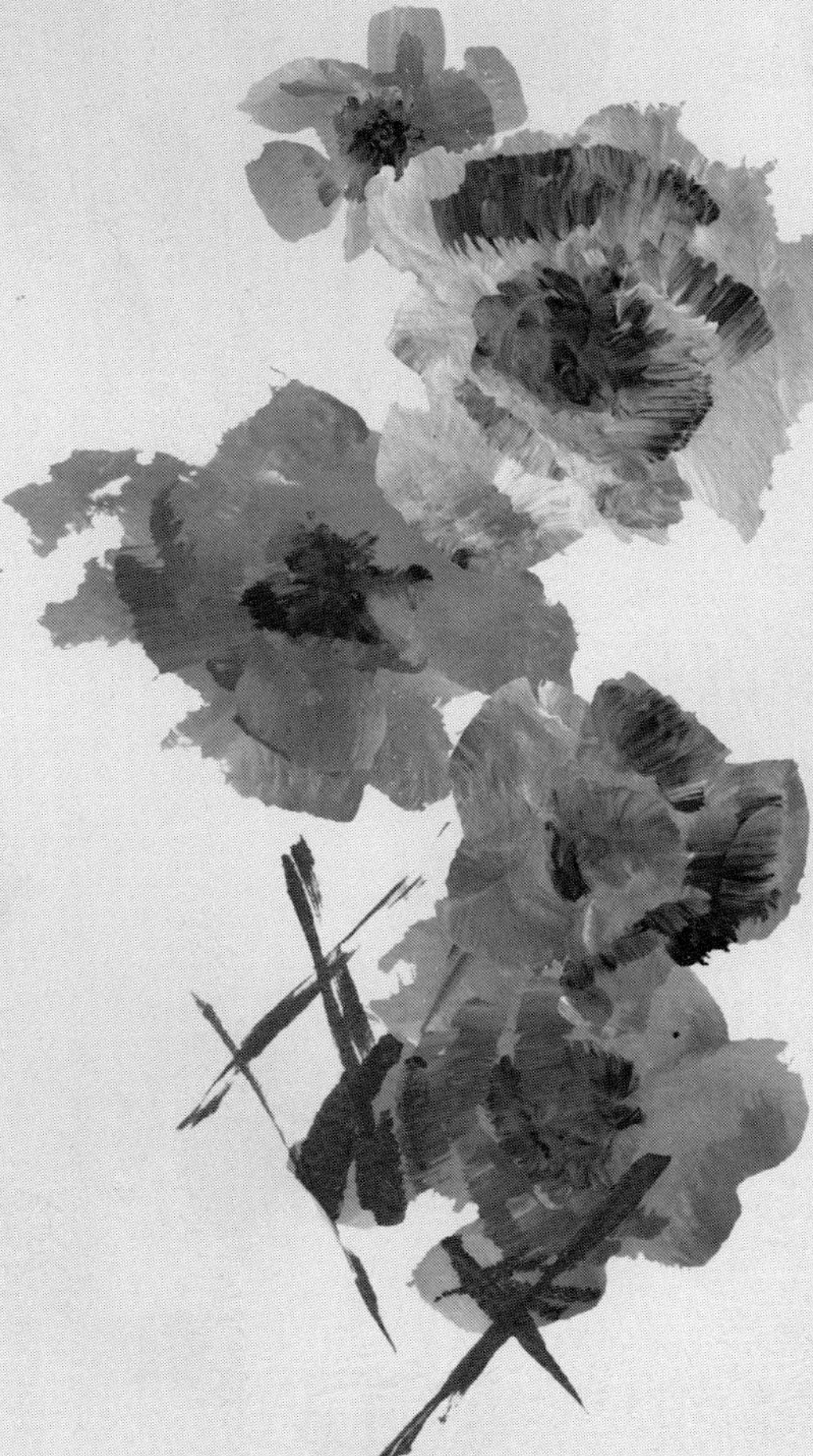

梨の木舎

はじめに――軍国少女に育った私から10代のあなたへ

途切れ途切れであるけれど、随分長い間、絵画の戦争責任を考えてきた。折々に発言もしてきた。

小磯良平にみる戦争協力の態様　「働く区民」(1986年2月号　大田区働く区民の会発行)

この程、銀座のデパートで小磯良平展がおこなわれた。小磯良平といえば清楚な若い女性ばかり描いてきたように宣伝されているが、彼は戦争中、陸軍美術協会に参加し、進んで従軍し、たくさんの戦争画を描いた。中でも一九三八年「娘子関《じょうしかん》を征く」は第一回帝国芸術院賞をうけ、一九四〇年の「南京中華門の戦闘」は朝日賞をうけており、敗退期に到っても「サイパン島洞窟内の南雲部隊」等を描き続けている。この度の展覧会は代表作一二〇点を集めたと案内されているが、戦争画はない。――彼の戦争画の大部分は、敗戦後連合国軍に接収され、一九七〇年に返還され東京国立近代美術館に保管されている一五三点にふくまれていると思われるのでその絵の公開はかなりの困難は予想される。しかし、一九七七年に美術手帖が〝戦争と美術〟を特集した際「いまだその時にあらず」として他誌からの転載さえ拒んでいることを考えると、彼自身の意図で、いまのところあえてそれをさけていると思われる。

一九八三年、小磯良平は文化勲章を受章した。私はその時、彼は何等かの総括をするだろうと思った。私自身もそうであったが、多くの人がその絵によって戦争を謳歌し、幾人もの人が戦場に馳せ、命を失った人もいるのである。ところが彼も、まわりもひとこともそこにはふれないのである。私は激しい憤りを覚えた。

彼は〝国家の命運に自分の命運を同化させて〟しあわせな人なのであろう。

小磯良平展に高いお金を払ってわざわざおもむいた人々よ、よくよくその奥にあるものをみないと、いまに、彼のいう、その時がきて、問われることなく、戦争画が歓迎され、また日の丸に送られて人々が戦争に行く日がくるのではないだろうか。

1925年、治安維持法公布の年に生まれ、旗（日の丸）と歌（君が代）に唆《そそのか》されて軍国少女に育った。言うならば、我がこととして戦争をしてきた。戦後、天皇の為に費やした青春を取り戻そうとがんばってきたが、いまだに取り戻せていない。振り返ってみれば、音楽・絵画など芸術性の高いものほど戦争推進のプロパガンダとして大きな役割を果たし、私たちを唆した。唆されながらもなぞり、増幅して、親より教師より熱心に戦争をした。唆したものの正体を確かめておかなければと思ってきた、プロパガンダに取り込まれた恨みを晴らすとともに、戦争推進の役割を果たした私の責任も明らかにすることである。

たとえば1941年、すでに身辺には戦争画があふれていた。12月8日真珠湾攻撃から間もない頃であった。私は福岡県立久留米高等女学校4年生だった。下校しようとした時、美術の教師に呼びとめられた。「鬼畜米英」のポスターを描いてくるようにと言われ画用紙を渡された。教師は各方面からの依頼をさばくのに大わらわで、私が役割を担うことはまれなことではなかった。気楽に引き受けて帰路に着いた。歩きながら、渡された画用紙を見ると上等なワットマン紙、テーマは「鬼畜米英」とあった。いままでの「八紘一宇」や「守れ大空」などではない。開戦で精神は高揚していた。責任を感じるものの何を描いていいかわからない。

「鬼畜米英」「鬼畜米英」とつぶやきながら、何を描こうか、何を描こうかと考えながら家に着いた。勝手口から入ると母が肉挽き器で何やら挽いていた。もちろん肉などあろうはずはない、多分大豆か何かであっただろうが、見たとたん〝これだ〟と思った。

画用紙の上半分にアメリカ大統領ルーズベルトとイギリスの首相チャーチルの笑顔を大きく描き、体を小さくして中央に描いた肉挽き器に入れ、ハンドルを回すと下から血肉がしたたり落ちるところを描いた。ワットマン紙は赤い絵具の吸い取りもよく心地よかった。その画面上に墨字で大きく「鬼畜米英」と書いて仕上げた。米英は鬼畜であり敵である。敵は殺さなければならない。この殺し方こそ「米英撲滅」にふさわしいと思ったのだ。

このような狂気を戦争と言うのだろうか。翌朝教師は、ポスターの受け取りを拒否した。戦争の非人道性をここまで露わにした生徒の絵を見て己の役割に気づいたのだろうか。結局、この絵は人の目に触れることなく葬られてしまったが、私は戦争中ずっと不満を持ち続けた。

そんな軍国少女に私を育てたものは教育であり、歌であり、絵（戦争画）であった。

私の中にはその集大成として藤田嗣治の「アッツ島玉砕」がある。当時の人々に与えた影響を検証しておかなければならない。

北村小夜

２０１９年７月

目次

1

戦争画のゆくえ——隠されたままの戦争責任

絵画は国家の庇護と統制のもとに置かれた——１９４１〜45年６月

明治以来の日本の美術史の中で１９４１〜45年の間は空白とされてきた。が、実は空白どころではなく、絵画は、国家の手厚い庇護と統制のもとに置かれ、画家たちは国家公認のピラミッドの頂点をめざして抗争を繰り返しながら、おびただしい数の戦争画を描いた時期である。戦争画展が開かれ、それまで美術館などに行ったことのないような人々が大勢訪れ鑑賞した。

しかし時流に抵抗した画家もいる。松本竣介*は「芸術家としての表現行為は、作者の腹の底まで染み込み肉体化したものに限り、それ以外は表現不可能」と言って戦争突入に抗し、靉光は時局の不安感情を表現した「眼のある風景」を描いている。その意味では、画家にとっても観衆にとっても開花期であったと言えよう。

＊松本竣介
１９１２〜１９４８
１９４１年、軍部による美術への干渉に抗議して、美術雑誌『みづゑ』に「生きている画家」を発表した。

大人気の陸軍美術展

一九四四年六月十六日、北九州が本土空襲に見舞われたとき、北九州小倉市の朝日新聞西部本社では、井筒屋百貨店を会場に、同年三月に東京都美術館で開催された陸軍美術展の巡回展を迎える準備が進められていた。事態の急迫によりいっときは中止も考えられたが、そこをあえて開催に踏み切ったところ、同展は「果せる哉開会早々から圧倒的な人気」で迎えられたという。二八日付同社企画部の週報には、「〔開幕から〕廿七日までの四日間にして既に入場者二万五千人を突破した。一階から七階会場に到る全階段を入場者の行列で埋めつくし百貨店で悲鳴を上げてゐる」とある。また東京大空襲でひと月遅れの開幕となった一九四五年四月の陸軍美術展も、ふたを開けてみれば「連日の空襲下にも不拘〔四月十一日から三〇日の〕短時日間よく三万数千の観覧者を吸収して異常なる成功を収めた」という。これらの数字は戦争末期の戦争画が、人にとってある種の必需品であったことを示唆している。要するに、現実が苛烈であればあるほど、送り手のみならず、受け手の側でも「物語」はますます手放し難かったということだろう。

（『戦争と美術』針生一郎・椹木野衣・蔵屋美香・河田明久・平瀬礼太・大谷省吾編　国書刊行会刊　2007）

戦争画についての論議は、敗戦直後の戦争責任論議に始まり断続的に長い間続いているが、作品の多くが隠蔽されたままになっているため、いまなお実作不在の論議を余儀なくされている。

「戦争画」とは何か？ 菊畑茂久馬の公開要求（画家の国策への動員）

1970年、菊畑茂久馬らが、アメリカから「永久貸与」という形で日本に戻され、保管されている153点の太平洋戦争を記録した絵画の公開を要求して、近代美術館に突入する場面に遭遇した。「ダメだ」「ダメだ」と制止する係員に、テレビカメラを伴って「見せろ」「見せろ」と叫ぶその勢いに乗じて私も「見せろ！」「見せろ！」と叫んでいた。突然の申し入れであったこの日の交渉は決裂に終わったが、納得できない菊畑氏一行は翌日、近代美術館の監督庁である文化庁に赴き文化部長鹿海信也氏から次のような見解を得ている。

○これらの絵画は返還されたものではなく、法的には「永久貸与」という形で日本にあるもので、扱いは微妙で大変難しい、という認識が前提である。
○これらの戦争画は絵画資料としての位置づけができてから公開する。

○日本の絵画史から戦争が抜け落ちているのは承知しているが、いま公開すれば戦争賛美に解釈されかねない。
○これらの絵画に対する国民の考えが定着してから発表する。
○修復を必要とする作品が多く修復作業途上である。
○公開について各作家に問い合わせたがほとんど全員から構わないという返事が戻ってきている。

この見解は「至極もっとも」のように見える。だが、国策に国民の考えを合わせようというかつての思想が、今日に引き継がれていることを示していないか。作品を見て論議をしなければ国民の考えは定まりようがない。それを「国民の考えが国に見合うようになったら公開する」というのだから、国家主義と言うほかはない。また、修復が必要と言うが、修復も制作活動であって別の作品になりかねない。20~30年の歳月を経ているのだから傷みは当然である。アメリカではぞんざいな扱いを受けたかもしれない。長年の間に絵が受けてきたことを含めて公開してほしい。それを修復と称して隠してはいけない。もし保存上どうしても必要なら公開をしながら行うべきである。

菊畑茂久馬は1935年長崎生まれ。1957年前衛集団「九州派」に参加。1961年東京竹橋の東京国立近代美術館（以下近代美術館）企画の現代美術の実験展に電信柱に5円玉をぶちまけた土俗的な作品を発表して衝撃的なデビュー。以後、読売アンデパンダン展などで活躍。60年代末から上野英信に先導され、山本作兵衛の炭鉱記録画*を風俗画の檻から解放し芸術として不動の位置づけを果たした。続いて近代美術館の恥部として、史上から抹消されていた太平洋戦争画を執ように追及、戦後日本の美術界のタブーと格闘する。1981年RKBテレビの「絵描きと戦争」のシナリオを担当、など表現思想に対する闘いを続けた。『藤田よ眠れ』『絵描きと戦争』など著書は多数ある。

近代美術館突入について、次のように言っている。

ヨーロッパでは戦争画を含め歴史画が評価されてきた。もちろん芸術が戦争に加担していいはずはない。しかし、戦後の日本のように戦争画というだけで隠し、黙殺し、時には画家の作品リストから抹消までして事足れりとするやり方では、画家がそこで何を表そうとしたかという芸術の本質が問われないままになる。70年代大阪万博を経て、国家的事業に再び参加する時代を

*山本作兵衛の炭坑記録画
山本作兵衛画文『筑豊炭鉱絵巻』葦書房　1973年
2011年ユネスコ世界記憶遺産に登録されるに及んで急速に関心を呼び、出版映像化が進んだ。最近では、映画『作兵衛さんと日本を掘る』（熊谷博子監督2019）で、菊畑は作兵衛さんとの衝撃的出会いについて語っている。

迎えた。若い画家たちは次々にアメリカに留学し、国内を輸入物の現代美術が席巻してきた。こうした時代に対する違和感が、僕の関心を戦争画に向かわせた。(「美術と戦争の物語」『朝日新聞』２０００年７月７日付)

アメリカの接収、１５３点――１９４６年６月

ここに至るまでの経緯について。

針生一郎氏らの記述によれば、１９４５年8月15日の敗戦の後、9月、アメリカ軍が日本に進駐する。東京都美術館は機械化部隊によって接収された。この接収は翌年には解除されるが、46年6月、全国各地に分散していた戦争記録画の代表作１５３点がアメリカ軍によって押収される。それらの戦争画は東京都美術館の1階中央5室に収蔵された。藤田嗣治氏は、この収集作業にアメリカ軍軍属としてかかわっている。

このアメリカ軍による接収の意図は、戦利品としてのことか、日本の軍国主義の復活を恐れてのことか判じかねる。

その間、戦争中、陸軍美術協会*の花形だった藤田嗣治、鶴田吾郎、猪熊弦一郎らが占領軍相手の展覧会を開こうとして、宮田重雄*から「無節操」と批判された。

*陸軍美術協会
１９３９年に陸軍の外郭団体として発足した。会長陸軍大将松井岩根、副会長藤島武二、藤島の没後は43年から藤田嗣治が勤めた。活動目標は、陸軍情報部のもと、美術に関するすべての問題に即応し、作戦目的遂行に協力することと定められた。(「現代美術用語辞典」)

これを機に戦争画をめぐる論争が盛んになった。

藤田の出国

藤田は戦争画によってプロパガンダを超えて会心の作を世に出し、美術界を支配した。さらには敗戦後は軍属としてアメリカ軍の戦争画収集にも率先協力した藤田は、マスコミからの戦犯画家第一号として追及されていた。さらに、日本美術協会からも「戦犯指名」を突き付けられて憤り失望し、追及を逃れるようにホテルや知人宅などを転々としていたが、画家の戦争責任論争に深くかかわることなく1949年3月、出国した。

「絵描きは絵だけ描いてください。仲間げんかはしないでください。日本画壇は早く世界水準に達してください」という捨て台詞を残して旅立った。アメリカを経由してフランスに移り、1954年にはフランス市民権を得て、終生日本には戻らなかった。藤田の戦争責任は逃れるべくもないが、藤田に戦争画家の烙印を押して国外に追放してしまったことは、結果として戦争画をタブーとして閉じ込めた。日本美術会*の結成によって、節操論議が新しい段階に進もうとしていた日本の美術界は、国家盲従の病根を切開する道を自ら閉ざしてしまい、今日に

*宮田重雄
1900~1971
画家・医師。

*日本美術会
1946年、自由学園講堂で創立総会。毎年、日本アンデパンダン展（非審査・自由出品）を主催。

至っている。

　菊畑茂久馬は、「藤田は自らの狂気を敗戦と同時に、後ろめたい変心をとげた画家の一人一人の胸元に突きつければよかったのだ」（菊畑茂久馬著『絵描きと戦争』１９９３）と書いている。

　１階５室を占拠された東京都美術館には、借用する公募団体が増大するなか苦情が相次いだ。そもそも東京都美術館は１９２６年日本文化の振興のため各分野の美術団体の作品発表の場として開館した公立美術館である。（１９５０年の建て替えでは企画棟もできた）１９４９年６月に結成された日本美術家連盟は美術家の職能確立と権益の拡大の立場からこの間題を取り上げ占領軍との折衝にあたった。この連盟の幹部に加わった戦争画家のうちには、できれば占領軍の力を借りて人目に着かないところに閉じ込めたいという思惑があったようである。この頃、ウインストン・チャーチルの『第二次世界大戦回顧録』が刊行された。なかに日本の画家による戦争画がイラストとして挿入され、世界の人々に知られてしまったことや、マッカーサー司令部もそれらが自分の管理下にあることを知り慎重になり人事は進まなかったが、思いがけない人脈を得て急転直下「解決」した。

１９５１年7月24日の午後、東京都美術館にカーキ色のアメリカ軍トラックが数台横付けされた。10数名のアメリカ兵が数時間にわたって館内に軍靴の音を響かせ、やがて去って行った。戦争記録画は総て消え去っていた。

もち去られた戦争画の複製による太平洋戦争名画展——１９６８年

私が、アメリカに持ち去られた戦争画がどうなったかを知ったのは、１９６８年7月27日から8月7日まで、大丸東京店で行われた『日本絵画史に輝く「太平洋戦争名画展」』であった。展覧会は、柳亮の監修によるもので、次の挨拶から始まり、在アメリカの写真家による写真から複製した22点を含めた66点の戦争画が展示され、壮観であった。

この展覧会についてはその後多くを語られることがないが、ほぼ戦争画の全容を伝え、最大の規模のものであったように思う。（同時期、これに対抗するかのように針生一郎らは東京・日本画廊で「戦争展」を開いている。）私はここで、複製ではあるが藤田氏の「アッツ島玉砕」（図録には「アッツ島最後の攻撃」とある）と2度目の対面をした。

ごあいさつ

この名画展は、太平洋戦争当時の日本人画家による作品のうち、現在日本国内に保存されている主な原画六〇余点ならびに、さきほど〝失なわれた戦争画〟と報道され、いまなおアメリカで保管されているものの中から選ばれた一〇数点の複写を関係各位のご好意により一堂に集めたものです。

戦後二十三年を経た現在〝日本帝国の崩壊〟をもたらし、長い日本の歴史を二分する厳しい史実をつくった太平洋戦争の単なる記録画としてではなく、戦時下で浮き彫りされた人間像を知り、また当時のあらゆる困難を克服して描きあげられた日本絵画史の一断面としてこの画展を率直に鑑賞していただきたいと思います。

東　京　放　送
朝　日　放　送
中　国　放　送
ＲＫＢ毎日放送

昭和四十三年七月

この展覧会が実現したのは、1967年に写真家の中川市郎*がアメリカのある空軍基地の倉庫で、国防総省の保管下にある日本の戦争画153点をみつけ、カラー写真に撮影してきたのがきっかけであった。この展覧会の前後には同じ写真を使った「太平洋戦争絵画写真展」なるものが開かれたり、週刊誌が特集を試みたり、ノーベル書房が『太平洋戦争名画集』を出版したりした。しかし、原作者や遺族のためらいや抗議があり、私が所持している『日本絵画史に輝く　太平洋戦争名画展「図録*」』に作品が載っているのは国内に所蔵されているものだけである。図録の表紙と名画展のチケット*には藤田の「肉迫」の一部が用いられていた。

153点、日本に帰る——1970年

1970年、アメリカ政府は押収した戦争画153点を「永久貸与」という形で日本に返還してきたが、作品はただちにそっくり近代美術館に収蔵されてしまった。それらは、菊畑茂久馬らの要求にも応じることなく、恐らく著作権者の圧力、あるいは政府側の思惑によってのことであろうが、公開も移管もせず隠匿されていた。1977年3月になって主な作品50点ほどが公開されるという報道

*中川市郎
フォトジャーナリスト。1960~70年ニューヨークに在住。

*『日本絵画史に輝く　太平洋戦争名画展「図録」』

があったので期待を持ったが、直前になって、戦争画の公開は東南アジア諸国の感情を刺激するという政府筋の思惑で中止になった。しかしこの公開中止はジャーナリズムの批判を浴び、近代美術館は7月から常設展に組み入れて、収蔵する戦争画のうち4点だけを公開するようになった。かつて日本の侵略に遭った国の人々が、日本人が過去の戦争画ときちんと向き合うことを拒むはずはない。

「生誕120年藤田嗣治展」と加藤周一評

「生誕120年藤田嗣治展」が近代美術館で2006年3～5月（その後、京都・広島でも）行われた。この展覧会には近代美術館蔵の「永久貸与」作品即ち戦争画が公開されるのではないかと期待したが、展示された97点の絵画作品（資料13参照）のうち、外国の美術館などから借用した20点を除いてほとんどが国内の個人・美術館所有のもので、近代美術館所蔵作品は「猫」（1940）と、五人の裸婦」（1923）のみだった。期待した永久貸与の作品戦争画は通例の展示より1点だけ多い次の5点であった。

「シンガポール最後の日（ブキテマ高地）」1942

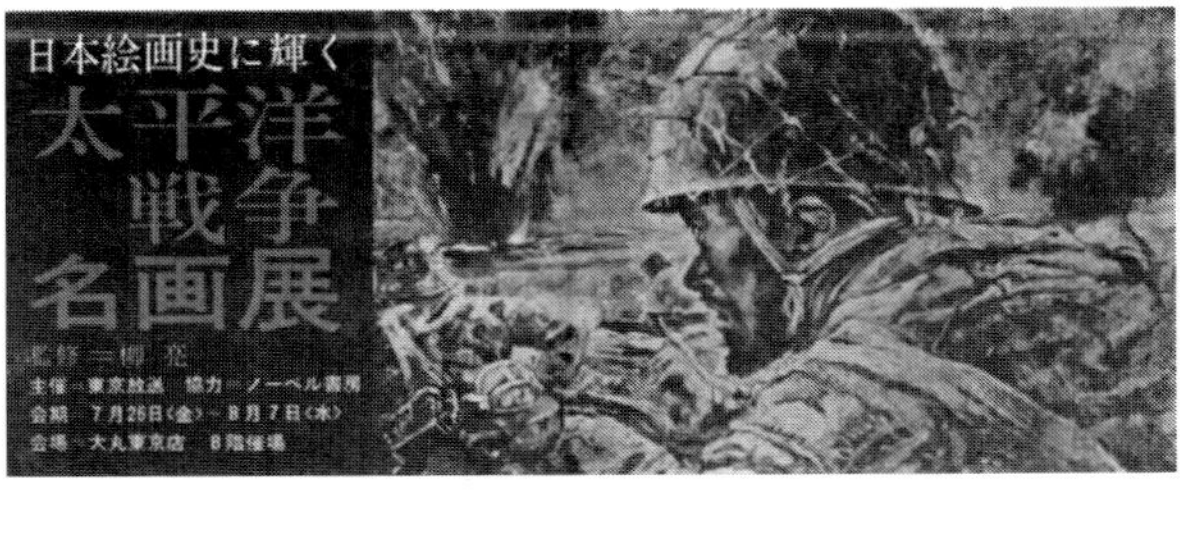

＊名画展のチケット
太平洋戦争名画展チケット

「アッツ島玉砕」１９４３
「血戦ガダルカナル」１９４４
「神兵の救出到る」１９４４
「サイパン島同胞臣節を全うす」１９４５

やはりさまざまな忖度《そんたく》があってこのような配分になったと思われる。
この展覧会を見て、著名な評論家であり藤田と面識もあった加藤周一は、１９８４年から連載していた『朝日新聞』夕刊「夕陽妄語」に「藤田嗣治私見」（２００６年5月24日付）を書いている。

「藤田嗣治私見」——加藤周一

加藤周一（１９１９~２００８）といえば、医師（堀辰雄の主治医でもあった）であり、評論家。戦中は肋膜炎のため徴兵猶予。敗戦直後、日米原子爆弾影響合同調査団の一員として被爆の実態調査に参加。英・仏・独語が堪能で外国でも教えた。近い所では60年安保闘争で反対の立場から積極的に発言し、立命館大学国際平和ミュージアム館長なども務め、鶴見俊輔・大江健三郎らと結成した

「九条の会」の呼びかけ人でもあった。

その加藤は書いている。

藤田嗣治（1886〜1968）は日本人として生まれ、フランス人として死んだ画家である。その生涯には謎が多く、その作品の評価は大いに分れる。今初めて私は藤田の主要な作品の大部分を展覧会で見た。

何故彼はあれほど多くの自画像を描いたのだろうか。おそらく「私は誰だろうか」という問いを、生涯を通じて問い続けてやめなかったからである。東京の美術学校の卒業制作といわれる一枚（一九一〇）を除けば、いつどこでも、よく知られているおかっぱ頭にロイド眼鏡の自画像。環境の方は千変万化する。

暗い背景に何も見えないこともあり、飾りのない白壁に一枚の絵皿と二本のパイプが掛っていることもある。画室の壁に自作の油絵があり、机上に硯や墨や細い筆の日本の画具があって、当人がその前にあぐらをかいていることもある（一九二六）。また日本間のちゃぶ台と火鉢の間で、猫を懐に入れ、畳の上でくつろぐ姿（一九三六）もあり、聖母の祝福を受けるため、聖母像の両側に藤田夫妻のひざまずく宗教画（一九六二―六三、「礼拝」）もある。

このように環境が変わり、主人公は変わらない。しかしその眼は、鋭く一点を凝視しているのではない。彼の自画像は強い意志を以て自己を主張する人物のそれではない。眉を横たえて千夫の指に対するのではなく、西洋とアジアの二つの文化の間で揺れる心を反映するのである。

おかっぱ頭は日本の習慣にはない。真っ黒な釜を伏せたような髪型はフランスの風俗でもない。彼はその異様さを、人目をひくための道具として戦術的に利用したのであろう。しかし私はそれだけだとは思わない。それだけならば、半世紀以上もおかっぱ自画像を描き続けるはずはないだろう。自画像を描きながら彼は彼自身の居場所を探していたのではなかろうか。

何故藤田はパリの画壇で成功したか。近代日本の油絵の画家たちは、パリに留学し、その技法と最新の様式を学んで、帰国したが、近代絵画の発展そのものに参加したのではない。おそらく唯一の例外は一九二〇年代に「エコール・ドゥ・パリ」の一人として、スーチンやモディリアーニやシャガールと共に高く評価された藤田嗣治である。

その一〇年後、格子のある「窓」（一九三二）から外を見ている五人の女たちの肌は、もはや「乳白色」ではなく、眼の表情は燃えるように激しい感情をあらわす。恨み、怒り、あきらめ、もしかすると殺意……。「狐を売る男」（一九三三）の眼つきの写実的な描写は、「エコール・ドゥ・パリ」の時代にはなかった。そして日本では暗い大きな戦場の画面のなかに、追い詰められた兵士や市民の絶望や祈りやあらゆる悲惨が、折り重なって描かれている、痛烈な迫真性をもって。

「戦争画」というものはない。戦争は絵にならぬからだ。戦争が始まるのは指導者たちの会議室においてであり、終わるのも地下の要塞の司令部においてである。「戦争中の絵」はある。しかしそれは草花の絵かもしれない。「戦場の絵」はあり得る。しかし空襲で破壊された町の光景は必ずしも大地震での破壊の光景から区別されないだろう。

藤田は戦時中の日本を経験し、陸海軍から委嘱されて戦場の絵を描いた。ノモンハンの敗戦から、シンガポール攻略の成功を通って、太平洋諸島に繰り返された全滅の悲劇まで。軍部の担当者が戦闘を記録する大画面を藤田に任せた理由は、彼の画面が抜群の迫真性を持っていたからだという。藤田の側からいえば、そういう仕事を引き受ける他に戦争中絵を描いて暮らすことはできなかったにちがいない。その画面には戦争讃美も、軍人の英雄化も、戦意昂揚の気配さえもない。――藤田は確かに軍部に協力して描いたが、戦争を描いたのではなく、戦場の極端な悲惨さをまさに迫真的に描き出したのである。そこから戦争についてのどういう結論を導きだすかは、画家の仕事ではないと考えていたのだろう。

前段はともかく後段、特に戦争画については反論しなければならない。私の愚かさは脇に置いても、「戦争讃美も、軍人の英雄化も、戦意高揚の気配さえもない」と言われても、私を戦争に駆り立てたものに戦争画、中でも藤田の絵は強力であった。軍が委嘱した戦争画は後世に残すという役割もあっただろうが、当面は戦意高揚が第一の目的であったはずである。敗戦後平和を目指すまなざしで鑑賞することは許されようが、その時見た青少年がどう受け取ったかで判断しなければならない。

幸い私は生きてきたが、私と並んで「アッツ島玉砕」を見て奮い立って戦場

書いた人は1930年生まれ。残された絵の評価は観る者に任されるとはいえ、描かれた意図、時期を無視してはならない。軍部には若干の迷いの声はあったものの効果があると思えばこそ公表したのである。そのことを考えなければ絵は描かれた当時の役割を再び果たすことになりかねない。単なるうわさではなく、戦争画を最も欲しがっているのが自衛隊〈防衛省〉であると聞く。「反戦の意図で見れば反戦画に見える」ということは「戦意高揚の意図を持ってみれば戦意高揚が沸き立つ」ということである。

太平洋戦争画と言っても、真珠湾攻撃からミッドウェイ海戦前までの前半期＝戦勝期とその後の敗戦期では大きく違う。戦勝期には大勢の従軍画家たちが皇軍勝利の絵を描いたが、戦局が厳しくなるにつれ、描き切れず筆を折るようになり、凄惨な殺戮場面を再現する画家は少数に限られてくる。藤田は、加藤も言っているようにノモンハンの敗戦から玉砕・全滅まで一貫して描き続けている。だが描き続けたというより一層勢いを増していたのである。

また加藤氏は「そういう仕事を引き受ける他に戦時中絵を描いて暮らすことはできなかったにちがいない」とも書いているが、戦時中、著名な画家が次々に従軍して戦争画を描く中、従軍を拒み徴用工として低賃金で酷使された人がいたではないか。一兵卒として戦場をはい回り命を失った人もいたではないか。命を得て戻り、優れた反戦画を描いている人もいる。戦争中は誰もが生活の糧であるものを置いて兵役に服し、戦場に向かった。

自らの意志で選んだ

加藤氏は、藤田が絵を描き続けるために節操を曲げて引き受けたと言いたげである。だが諸文献を見る限り、彼は自らの意志で戦争画家の道を選び、その地位を最大限に活用し、美術界にも大きな影響を及ぼした。私は、それを明らかにしないまま日本を去ってしまった責任を問いたい。

加藤氏は冒頭にこの展覧会で藤田の主要作品の大部分を見たと書いているが、この展覧会は前述のように97点のうち戦争画は5点という配慮された配分で、藤田作品の全容には程遠いものであった。

と見てくると、「夕陽妄語―藤田嗣治私見」は、才能と環境に恵まれ徴兵猶予(肋膜炎)で兵役を逃れ世間を鳥瞰できた評論家の仲間への「賛辞」のようである。

藤田嗣治、全所蔵作品展示——2015年

２０１２年にリニューアールした近代美術館が、藤田嗣治全所蔵作品の展示を行ったのは２０１５年９～12月であった。戦後70年に当たり、３、４階の全フロアを使って大作全作品25点を展示した。そのなかの戦争画14点の一挙展示は初めての機会であった。この時点では人々の関心は「乳白色の肌」より戦争画に集中していて、美術館もそれに応えていたように思う。世代によっては初めて藤田の戦争画を見たという人が少なくなかったようである。

大作の戦争画は次の通りであった。

1、南昌飛行場の焼討　1938～39

明るい戦争画。海軍嘱託として中国に派遣され、現地を見て、日本軍の華々しい戦禍を描いている。

2、武漢進撃　1938～40

南京から６００km遡った「漢口」に突入した日本軍艦艇、ヒヨドリ・カサ

サギ・ハヤブサ・オートリ・等々の艦名が書き込まれている。1941年の海洋美術展にも出品され単なる海洋画と言っても適用する（後にアッツ島玉砕などを描くとは予想もできないほど）おとなしい作品である

3、哈《は》爾《る》哈《は》河畔之戦闘　1941

これが藤田が戦争画に没頭するきっかけになったという話題の画である。1935年5～10月に起ったノモンハン事件の画である。満州国とモンゴル人民共和国の国境争いであったが実際にはそれぞれを応援した日本とソ連の闘いであった。

横長のキャンパスに緑の草原。関東軍兵士がソ連戦車に向かいよじ登り銃剣を突き付けている。この人対戦車の戦い、惨憺たる敗北であったが、勇敢な兵士しか描かれていない。軍部は事実をひた隠しにしていた。

近藤史人著『藤田嗣治「異邦人」の生涯』によると、この戦役に参加した荻洲立兵中将からノモンハン事件の真相を聞かされ、部下の霊を慰めるため描いてくれと依頼され、藤田は満蒙国境を訪れてこの絵を描き、第2回聖戦美術展（1941・7）に出品し高い評価を得た。しかし藤田は同名の絵をもう1枚描いていたという。それはソ連戦車から発射される銃弾によって死

体が累々と積み重なっていく図で、レアリズムの傑作と自賛していたという。後の「アッツ島玉砕」とつながるものがあるようである。

4、十二月八日の真珠湾　1942

真珠湾攻撃部隊によって撮影された写真をもとに制作した作品。藤田の戦争画の最初によく出てくるが、何とも暗い絵である。

5、シンガポール最後の日（ブキテマ高地）　1942

日本陸軍は真珠湾攻撃に先立ってマレー半島に奇襲上陸し、英国の統治下にあったシンガポールを「海南島」と称して3年間にわたって軍政下においた。藤田は間もなく現地を訪れ、帰国してこのパノラマ的な「戦争記録画」を描いた。この作品について藤田はよれば「死に瀕する我が戦友を、他の兵隊が抱き上げながら、今にも陥落せんとするシンガポール最後の日の姿をこの世の見納めに見せている図」。

6、ソロモン海域に於ける米兵の末路　1943

問題の作品で、ソロモン沖海戦の際、ソロモン海に投げ出された日本の飛行艇乗組員が20日以上も漂流に堪えて生還したという新聞記事に基づいて井上長三郎が描いて決戦美術展に出品した「漂流」は厭戦的と言うことで撤回を求められた。一方、藤田の「ソロモン海域に於ける米兵の末路」は軍・国民感情をよりどころに主体を米兵に置き換え「「米兵の末路」とした全くの絵空事であるにも関わらず、作戦記録画として維持されてきた。

7、アッツ島玉砕　１９４３

アッツ島はアリューシャン列島の最北端の島。日本軍が飛行場建設の為２６００人の守備隊を置いていたところに１９４３・５・12、米軍が上陸してきた。指揮官山崎大佐は大本営に増援・物資弾薬の補給を依頼したが返答がないため守備隊は最後の夜襲を行い全滅した。5・30、大本営は全員「玉砕」と伝えた。藤田は想像でこの凄惨な絵を描き上げ作戦記録画として9月、国民総力決戦美術展に出品した。アッツ島玉砕は負け戦にも拘らず「くじけずに頑張ろう」と言うメッセージを伴って大々的に報道された。兵士の血が戦争の正義に祭り上げられる典型である。

この絵も泰西名画からのポーズの引用、三角形を積み上げた構図などヨーロッパ美術に学んだ影響が見られると言われている。

8、○○部隊の死闘―ニューギニア戦線　１９４３

ニューギニア戦線で玉砕した山田部隊の戦闘を描いたもので、検閲の為、

○○部隊とされている。凄惨な戦闘の迫力はアッツ島玉砕と同様見る者を圧倒する。藤田が描いたこの絵は日本軍のポートモレスビー攻略の前線基地であったニューギニア島東岸のブナで１９４２年・11月～43年１月に行われた連合軍との過酷な闘いであった。１９４２年12月８日バザブアの守備隊が玉砕、１９４３年１月２日ブナの守備隊も玉砕した。一連の地上戦闘に投入された日本軍将兵は１万１０００名のうち７６００名が戦死又は戦病死した。

9、血戦ガダルカナル　１９４４

１９４２年８月以降日本軍と連合軍がソロモン諸島のガダルカナル島を廻って争った戦で、太平洋戦争緒戦の勝利の後、計画した来豪遮断作戦の拠点が餓島であった。日本軍が前段のミッドウェー攻撃に敗退したにもかかわらず、飛行場建設作業を始めるや、米軍の攻撃に圧倒されジャングルに敗退。その後の餓島奪回作戦には一木支隊２４００、川口支隊４０００人、丸山師団２００００人が投入されたが何れも撃退され、次に派遣された佐野師団は待ち構えていた米艦隊と海戦になり上陸できた兵員はわずか２０００名、重火器もなく攻撃さえできなかった。以後補給も困難になり継戦能力を超えた状況で撤退に向かうわけだが実際の撤退決定まで一か月以上の時間を要したため多くの将兵が餓死した。「餓島」と言われる所以である。

ガダルカナル島に上陸した総兵力は3万1404人、うち撤退できたもの1万0652人それ以前に負傷後送された者740人、死者・行方不明者は2万人強、うち戦闘での戦死者は5000人、1万5000人は餓死と戦病死（事実上餓死）と推定される。一方米軍の戦死者約1000人、戦傷者約4000人であった。

国民には敗北の事実は隠され撤退は転進と報道された。

藤田のこの血戦ガダルカナルはこの激戦の地獄絵であり、戦争の実感を伝えるものでもある。

この絵は日本軍がアメリカ軍に最後の抵抗を試みる様子を描いたものであるが、藤田は1941年あたりからヨーロッパで見知った大画面群顔面法を用い、中景を省いて前景に絡まり合う兵士の群れを、奥に広大な自然を描くタイプを生み出し、後輩にも影響を与えている。「アッツ島玉砕」「シンガポール最後の日」にも同様な手法が見られる。

10、神兵の救出到る　1944

銃剣を構えた日本兵が戸口に立ち、後ろ手に縛られた黒人女性を助けよ

「日本軍玉砕地図」（タイトルは編集部）

（出典：『日本絵画史に輝く　太平洋戦争名画展』図録（1968年）より）

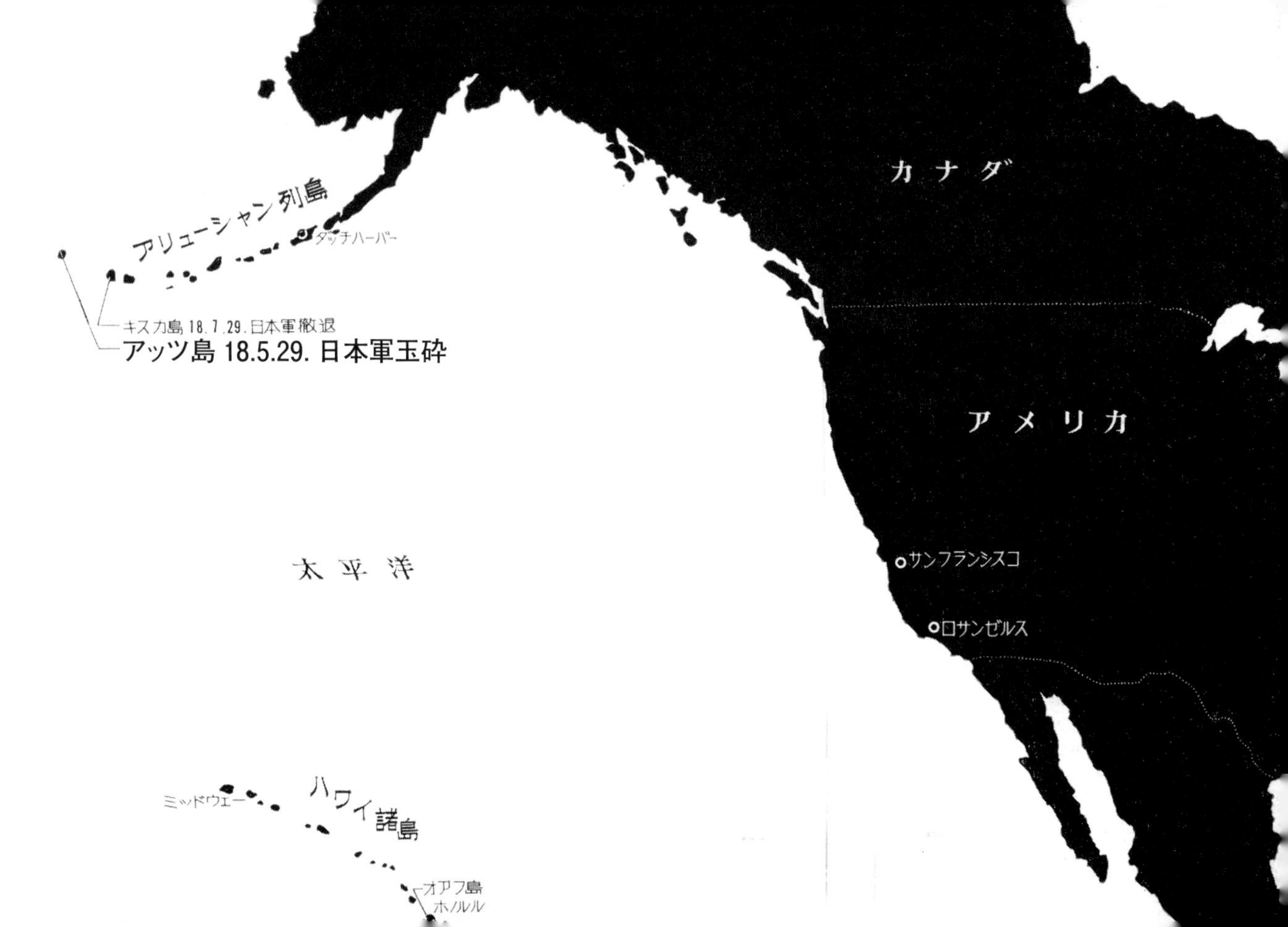
アリューシャン列島
ダッチハーバー
キスカ島 18.7.29. 日本軍撤退
アッツ島 18.5.29. 日本軍玉砕
カナダ
アメリカ
太平洋
サンフランシスコ
ロサンゼルス
ミッドウェー
ハワイ諸島
オアフ島
ホノルル

うとしている。壁の画や家具などから植民地を支配していた欧米人の家であることを示している。「大東亜戦争」はアジアの植民地解放を旗印に「聖戦」と呼ばれていた。神兵はその象徴である。

11、大柿部隊の奮戦　　1944

マレー半島バクリから撤退する連合軍を追って匍匐前進する日本兵が描かれている。

12、ブキテマの夜戦　　1944

この絵は「シンガポール最後の日」と同じブキテマ高地であるが戦況が悪化し、森林の中に日本兵の死体や所持品が散乱している。

13、サイパン島同胞臣節を全うす　　1945

負け戦の中、玉砕の場面が描かれている。左端に銃を構えた日本兵、中央に自決を覚悟した女性と子ども、右端にはバンザイクリフから身を投げる人。伝聞に基づくものであるが事実である。藤田は軍に守られながら感動を与えたいという画家としての願望に従って描き続けた。悲惨な湯面であるがタイトル「サイパン島同胞臣節を全うす」の通り、自決に対する抗議ではなく美化である。

14、薫《かおる》空挺隊敵陣に強行着陸奮戦す　１９４５

薫空挺部隊*はレイテ島に強行着陸した日本空軍であるが、元来台湾遊撃第一中隊に属し、隊員１５２名、熱帯ジャングルでの作戦を専門に担う特殊部隊で主として台湾原住民族からなる高砂義勇隊の一部であった。１９４４年11月26日、日本軍は米軍に占領された飛行場を奪還すべく「義号作戦」を実行、隊員40名がゼロ戦で胴体着陸で強襲を試みたが全員が戦死した。レイテ島全体の戦闘も日本軍８万人の死者を出して惨敗した。非常に暗い絵で、よく見ないと何が描かれているかわからないが、よくみると白襷の日本兵が歩いてくる、近景は地獄のような様相である。高砂兵と思われる日本兵がアメリカ兵の腹を軍刀で貫いている。一人の高砂兵が部族伝来の「義勇刀」で敵兵の首をはねる。首が宙を飛ぶ。その首はヘルメットと共に画面中央にある。この作品は東京空襲で１９４５年3月から4月に延期された戦争記録画展に出品されている。（台湾に徴兵制が実施されるのは１９４５年1月であるが、それ以前から志願などの形で日本軍に参加していた）

（東京国立近代美術館所蔵　藤田嗣治作品展図録による）

以上の藤田の14点すべて作戦記録画である。ほとんどが軍が情報を提供して描

＊薫空挺部隊
台湾のヘヴィメタルバンド・ソニックのＴＡＫＡＳＡＧＯ ＡＲＭＹ（２０１１）の収録曲に「ＫＡＯＲＵ」があるが、これは薫空挺部隊を題材にしているという。

くべき状況を鮮明にして画題も大きさも完成の時期も決めて作画させたと言われている。一般の画家が従軍して描いた戦争画とは全く違うものである。

戦争画制作の要件

会場の一隅のガラスケースには藤田の戦争画制作の意図、帝国美術院会員として立場がよくわかる「戦争画制作の要点　藤田嗣治」（巻末資料）が提示されていた。

「戦争画制作の要点」で藤田はまず「戦争展」の成功を天皇のおぼしめしの賜物と感謝の意を述べ、さらにこの大戦争を記録画として、後世に残すべき使命と戦争完遂の士気高揚に粉骨砕身の努力をしなければならない、と付け加える。

戦争画制作の要件として第一は忠誠の精神、第二は知識と技巧を挙げている。知識として戦争をする軍隊に関することを詳しく技巧として自分の経験を丁寧に紹介している。最後に戦争のお陰で勉強でき、戦意昂揚に役立つ幸せと責任をのべている。

多くは（大丸での複製を除けば）私にはほとんどが初対面であったが、「アッツ島玉砕」とは二度目の対面で、自ずと「この仇は私たちが打たねば」と己に誓った1943年にタイムスリップした。「薫空挺隊敵陣に強行着陸奮戦す」など多くは初対面であった。

戦争画の全面公開を求める

2015年は敗戦から70年とあって、近代美術館の「特集：藤田嗣治、全所蔵作品展示」をはじめ各地で「戦争」をテーマにした展覧会が催された。

- 広島県立美術館の「広島・長崎被爆70周年　戦争と平和展」
- 広島市立現代美術館の「被爆70周年：ヒロシマを見つめる三部作　第一部『ライフ＝ワーク』
- 名古屋市美術館の「画家たちと戦争：彼らはいかにして生きぬいたのか」
- 福岡アジア美術館の「イマジン―争いのない世界へ」
- IZUOHOTOMUSEUM の「戦争と平和―伝えたかった日本」

などなど。これは戦後60年をはるかに上回るもので、「集団的自衛権」を巡る情勢と関係しての事であろう。

それまでの歴代内閣が「集団的自衛権の行使は憲法上認められない」としてきたものを、第2次安倍内閣になって容認に変わる。積極的な憲法解釈変更の意図が露骨になり、２０１３年９月には「安全保障の法的基盤再構築に関する懇談会（安保法制懇）が再開し、２０１４年５月には集団的自衛権の行使を認める報告書を提出。受けて首相が与党協議開始を指示。６月30日第11回の与党会議で合意。７月１日閣議決定、と続く時期だった。憲法解釈変更、ひいては戦争への人々の危機感も募り、抗議の声は国会に、巷に満ち満ちていた。

若い作家たちによる「戦争画」展

２０１５年12月９〜20日、東京都美術館ギャラリーＢでは若い作家たちによって「戦争画」という展示会が行われた。「大日本帝国」で、軍の要請のもとに描かれて、惨たらしい戦争を推し進めることに力を貸したとして、芸術としては扱いにくいとされている戦争画であるが、戦争画を描いた画家たちの中には喜び勇んで描いた人もいただろうし、止むにやまれず描いた人もいただろう、様々な思惑や葛藤があっただろう。そんな画家たちの複雑な思いを少しでも追体験したいと、１年をかけて８人のメンバーがそれぞれ、作家の視点で調べた成果を現代の問題として発表した。

多様な展示のほか、１年を通じて研究者・作家など広く多彩なメンバーを交えて戦争と美術を考えるイベントも行われ、多くの課題を与えてくれた。

村田真「プチ戦争画」

その一つ、村田真の「プチ戦争画」は、アメリカから永久貸与という形で近代美術館が所蔵する153点の戦争画を20分の1に縮小・模写したものの展示であった。公開されていないものの画像は、大変な苦労をして、画集や、展覧会のカタログなどを参照し、図版化されていないものは近代美術館のアートライブラリーにある画質の悪い写真からコピーしたものである。展示は公開されたことのあるごく一部以外（大半は）は裏返しになっていた。近代美術館は、1977年アメリカから無期限貸与と言う形で返還された戦争画153点のうち50点を公開する予定であったが、直前になって中止され、以後、数点ずつ常設展示室で公開してきたが限られた数である。153点という数は近代美術館全館を使っても一度では展示できないであろうが。常時、美術館で見られる戦争画がどんなに少ないかを見せたものであった。

すなわちいま戦争画について様々論議が行われているが、それらは限られた作品についてしか言及されていないわけである。

もちろん接収された作品だけが戦争画ではない。戦争中に描かれた戦争画は膨大な数にのぼり153点はその一部に過ぎない。戦争画とは何か、も問題にしなければならない。

日本の戦争画

戦争画を明確に定義することは難しい。

一言で言えば戦争に関係しているように見えれば戦争画であろう。しかし経験や時代背景などで「戦争」に見えたり見えなかったりするのだ。

戦争画と言えば太平洋戦争中に描かれた戦意高揚を目指した作品を考える人も多いが、田中日佐夫著*『日本の戦争画～その系譜と特質』(1985)には明治時代から戦後までの作品が扱われている。

ここでは主に陸海軍に協力しプロパガンダ的役割を果たした作品について考える。自発的な従軍画家や、陸海軍が委嘱した派遣画家・報道班員として徴用された画家などが描いた戦争画も多数あるが、軍が委嘱して制作された公式の戦争画といわれる「作戦記録画」が重要である。多くは大きさが縦横とも等身以上の大作で、主題は軍報道部が選び、歴史画としての性格を持たせ、完成後は軍に収め

*田中日佐夫
1932～2009年
日本美術史家。

られ、各地で行われた列島内外の戦争関連の美術展を巡回した。その数は２００点を下らない。

靖国神社には戦争中奉納されたものが遊就館に展示保存されているし、戦争中軍に献納されそのまま自衛隊に引き継がれているものもあるが、多くが廃棄されたり散逸しているなか、１５３点は存在が明らかで、しかも国が保管しているのだから事は簡単である。元々接収の意図は何だったのか。戦利品ならアメリカが独占することなく分けなければならない。プロパガンダだったのなら破壊しなければならないだろう。それをあいまいなまま接収して曖昧なまま返還するのだから、曖昧な「永久貸与」という扱いになる。それでももともと国民のものであったのだから、一旦没収されても返還されたからには国民の財産である。

東京都美術館主催、歿後50年　藤田嗣治展――２０１８年

２０１８年は没後50年に当たるとして、〝藤田の画業の全容を解き明かす大回顧展〟と銘打って7月31日～10月8日まで東京都美術館で開かれ30万人を超す入場者で賑わい、その後京都に巡回した。

案内のチラシには次のようにある。

明治の半ばの日本で生まれ、80年を超える人生の約半分をフランスで暮らし、晩年にはフランス国籍を取得して欧州の土となった画家・藤田嗣治（レオナール・フジタ、１８８６―１９６８）。２０１８年は、エコール・ド・パリの寵児の一人であり、太平洋戦争期の作戦記録画でも知られる藤田が世を去って50年目に当たります。この節目に、日本はもとよりフランスを中心とした欧米の主要な美術館の協力を得て、画業の全貌を展覧する大回顧展を開催します。

本展覧会は「風景画」「肖像画」「裸婦」「宗教画」などのテーマを設けて、最新の研究成果も盛り込みながら、藤田芸術をとらえ直そうとする試みです。藤田の代名詞ともいえる「乳白色の下地」による裸婦の代表作が一堂に会するだけでなく、初来日となる作品やこれまで紹介されることが少なかった作品も展示されるなど、見どころが満載の展覧会です。

軍医の子として生まれ東京美術学校を卒業して、東京都美術館で戦争画を含む多くの作品を発表してきた展覧会である。

私にしてみればその人物の影響を受けた一人として、藤田といえば戦争画であるが、最近では彼の画業は大きく三つのピークに分けて語られることが多いようである。すなわち１９２０年代の「エコール・ド・パリ」時代、１９４０年代の戦中期、晩年のパリ時代。なかでも１９２０年代の「乳白色の肌」の絵がよく知られ、戦時中国策に協力して作戦記録画に力を入れ、それゆえに国を離れる原因にもなった戦争画については、軽はずみな汚点のようにみなされるむきもあったが、今回の展覧会の趣向はその通りで、展示総数１２０点の中、戦争画はわずか２点「アッツ島玉砕」「サイパン島同胞臣節を全うす」しかない。次のように展覧会は展示された。

第１章　原風景―家族と風景
第２章　はじまりのパリ―第一次世界大戦をはさんで
第３章　１９２０年代に自画像と肖像―「時代」をまとうひとの姿
第４章　「乳白色の裸婦」の時代
第５章　１９３０年代・旅する画家―北米・中南米・アジア
第６章１　「歴史」に直面する―二度の「大戦」との遭遇

第6章2　「歴史」に直面する—作戦記録画へ
第7筆　戦後20年—東京・ニューヨーク・パリ
第8章　カトリックへの道行き

時代を追って展示され、第6章に至って戦争画が登場する。私には特別な空間の様に感じられるが、解説や新聞評などを見ると「華やかなパリでヌードを描いた人が戦争面まで描いています。こんな画家はめったにいません」「ルーブル美術館にあるような芸術としての戦争画を意識したのでしょう」とか、「遺体が累々と重なる「アッツ島玉砕」も中南米で描いた迫力のある「町芸人」などと同種群像表現と言える」とか、また戦争画としての倫理の問題を別にして極限状況を描いた物語としても評価されているようである。

概してこの展覧会は主催者の思惑通り多くの人は「乳白色の肌」を楽しんだようであるが、見終わって120分の2に過ぎない戦争画だけに思いをはせた人もいたし、それだけを見るために遠くから駆け付けた人もいた。

新聞への投書

絵は自分の目で見ればよいのだろうが、描かれた時期・慣習を無視しては語れないのではないだろうか。

18年9月24日の朝日新聞「声」欄にこの展覧会を見た87歳の男性が投書していた。

戦中に描かれた「アッツ島玉砕」の前で若いカップルが「戦意昂揚にならないね」と話していた。いま見れば、悲惨さに圧倒され反戦画にも見えてしまう。でも、あの時代は違った。画面から立ち上る悲壮さに「がんばろう」と覚悟した。藤田が渾身の力で国のために描いた作品だ。……

同紙8月23日「天声人語」も、空襲で家を焼かれた子が「国の為に役に立ったと万歳を唱えたことを前置きに、同展覧会に触れた。

藤田が会心の作として陸軍に献納され、戦意高揚に使われた「アッツ島玉砕」が、いま見ると反戦画かと思えてしまう。

どんな時代に誰に向けて描かれたのか、それなしに戦争画は語れない。

『朝日新聞』「声」
◀2018年8月24日付

藤田嗣治展　戦争画に見る苦悩

無職　市東　和夫
（千葉県　87）

東京・上野の東京都美術館で「没後50年　藤田嗣治展」を見た。乳白色の裸婦は日本的感性を西洋画で表現したものに見え、近代日本の苦悩と重なる。

戦中に描かれた「アッツ島玉砕」の前で、若いカップルが「戦意高揚にならないね」と話していた。いま見れば、悲惨さに圧倒され反戦画にも見えてしまう。でも、あの時代は違った。画面から立ち上る悲壮さに「がんばろう」と覚悟した。藤田が渾身《こんしん》の力で国のために描いた作品だ。

私は少年だったが、当時の雰囲気はよく分かる。国民は一方向に引っ張られ、合理的な判断はできなかった。大本営発表に象徴されるウソの情報で判断力が奪われた。この反省の上に戦後はあると思っていたが、最近の指導者たちの言動には驚くことも多い。

先日、テレビで藤田晩年の肉声を聞き、歯切れいい日本語に胸がいっぱいになった。戦後、国策協力を批判されて日本を去り、仏国籍を取得した天才画家の大回顧展に思うことは多い。

『朝日新聞』「天声人語」2018年8月23日付 ▼

天声人語

太平洋戦争末期、俳優の児玉清さんは東京から群馬へ集団疎開していた。ある日、教室で先生から言われた。「悲しいニュースがある。東京に空襲があって、君たちの中に家が焼けてしまった人がいる」。ところが、家が焼けたと伝えられた子たちは喜んで万歳を始めた▼児玉さんもその一人だった。「お国のために役に立ったんだと、誇らしいような気がしてね」。家が無事だった子たちはしゅんとしていたという（櫛《くし》久美子著『昭和二十年夏、子供たちが見た戦争』）▼身に降りかかった災禍を、栄誉と思い込む。戦時下の異常な発想が、子どもにも浸透していた。この絵にも、そんな空気がまとわりついていたのだろうか。東京都美術館で開催中の藤田嗣治《つぐはる》展で、戦争画「アッツ島玉砕」を見た▼北太平洋の島で日本軍2600人が全滅した戦闘に、洋画家は材を取った。暗い色調。敵味方も判然としない兵士たちが、折り重なるように戦う。苦痛に顔が歪《ゆが》む者、絶命した者。いま見ると反戦画かと思えてしまう▼藤田が会心の作としたこの絵は陸軍に献納され、戦意高揚に使われた。公開されると、絵の前でひざをついて祈る人もいたと伝わる。死は、社会に埋め込まれていった。やがて「一億玉砕」が叫ばれるようになる▼戦前のパリで名声を得た藤田の絵は、画面に広がる乳白色が特徴だった。その画風を捨てて打ち込んだ戦争画は称賛され、戦後は手のひらを返すように批判された。時代に歯車を狂わされた一人であろう。

2018・8・23

2

そのころの子どもは、親より教師より熱心に戦争をした

唆《そそのか》された一人として

満州国*建国宣言の年に小学校入学し、満州の兵隊さんに「サムイナカヒゾクトウバツゴクロウナコトトオモイマス」など、せっせと慰問文を書いた。

次の年、1933年には明仁が誕生した。天皇裕仁にはすでに5人の子があったがみんな女であったため、男（皇太子）が待たれていた。いずれにしろ誕生の時には1分間のサイレンが鳴ることになっていた。それがもし男だったら10秒おいてもう一度鳴ることになっていた。12月23日早朝、市役所のサイレンが鳴った。人々がかたずを飲んで待つなか二度目も鳴ったのである。興奮する大人に交じって私もバンザイを叫んでいた。

間もなく、「皇太子さまお生まれなった」と「昭和の子ども」が表裏になったレコードが売り出された。あちこちで祝賀行事が行われた。私たちは、爆弾三勇士の銅像のある公会堂で、日の丸の小旗を振って北原白秋作詞・中山晋平作曲の「皇太子さまお生まれなった」に合わせて踊りを踊った。

*満州国　1932年に日本が中国東北部につくったかいらい政権。1945年日本の敗戦と共に崩壊。

1　日の出だ日の出に　鳴った鳴ったポーオポーオ
サイレンサイレン　ランランチンゴン
夜明けの鐘まで
天皇陛下のお喜び　みんなみんなかしわ手
うれしいな　母さん　皇太子さまお生まれなった（2・3節略）

4年生（1931年）になると教育勅語*を覚えなければならない。5年生の時には2・26事件があった。ベルリン・オリンピックで前畑秀子の金メダルを喜んだりもした。6年生の夏（1937年7月7日）には日中戦争が始まり急速に国民総動員体制に入っていった。この年から中学校・高等女学校への入試も様変わりした。筆記試験がなくなり、口頭試問と身体検査と体力検査になった。戦争をするには国民の逆らわない心と丈夫な体が必要である。1940年には「政府は国民体力の向上を図る為、本法の定むる所に依り国民の体力を管理する」とした「国民体力法」*が制定される。その前触れであった。

日本国憲法25条*に違反して健康を国民の責務とした2003年施行の健康増進

*教育勅語（次頁参照）
家族国家観による忠君愛国主義と儒教的道徳が国民道徳として学校で教え込まれた。

*国民体力法1940年4月8日（法律第105号）
第一条　政府ハ国民体力ノ向上ヲ図ル為本法ノ定ムル所ニ依リ国民ノ体力ヲ管理ス
前項ノ管理トハ国民ノ体力ヲ検査シ其ノ向上ニ付指導其ノ他必要ナル措置ヲ為スヲ謂フ

*日本国憲法25条
すべて国民は、健康で文化的な最低限度の生活を営む権利を有する。
国は、すべての生活部面について、社会福祉、社会保障及び公衆衛生の向上及び増進に努めなければならない。

教育勅語　1890年10月30日発布

朕《チン》惟《オモ》フニ我《ワ》カ皇《クワウ》祖《ソ》皇《クワウ》宗《ソウ》國《クニ》ヲ肇《ハジ》ムルコト宏《クワウ》遠《エン》ニ
徳《トク》ヲ樹《タ》ツルコト深《シン》厚《コウ》ナリ我《ワ》カ臣《シン》民《ミン》克《ヨ》ク忠《チユウ》ニ克《ヨ》
ク孝《カウ》ニ億《オク》兆《テウ》心《ココロ》ヲ一《イツ》ニシテ世《ヨ》々《ヽ》厥《ソ》ノ美《ビ》ヲ濟《ナ》セル
ハ此《コ》レ我《ワ》カ國《コク》體《タイ》ノ精《セイ》華《クワ》ニシテ教《ケウ》育《イク》ノ淵《エン》源《ゲン》亦《マタ》實《ジツ》
ニ此《コヽ》ニ存《ソン》ス爾《ナンヂ》臣《シン》民《ミン》父《フ》母《ボ》ニ孝《カウ》ニ兄《ケイ》弟《テイ》ニ友《イウ》ニ夫《フウ》婦《フ》
相《アヒ》和《ワ》シ朋《ホウ》友《イウ》相《アヒ》信《シン》シ恭《キヨウ》儉《ケン》己《オノ》レヲ持《ヂ》シ博《ハク》愛《アイ》衆《シユウ》ニ及《オヨ》
ホシ學《ガク》ヲ修《ヲサ》メ業《ゲフ》ヲ習《ナラ》ヒ以《モツ》テ智《チ》能《ノウ》ヲ啓《ケイ》發《ハツ》シ徳《トク》器《キ》
ヲ成《ジヤウ》就《ジユ》シ進《スヽン》テ公《コウ》益《エキ》ヲ廣《ヒロ》メ世《セイ》務《ム》ヲ開《ヒラ》キ常《ツネ》ニ國《コク》憲《ケン》
ヲ重《オモン》シ國《コク》法《ハフ》ニ遵《シタガ》ヒ一《イツ》旦《タン》緩《クワン》急《キフ》アレハ義《ギ》勇《ユウ》公《コウ》ニ奉《ホウ》
シ以《モツ》テ天《テン》壤《ジヤウ》無《ム》窮《キユウ》ノ皇《クワウ》運《ウン》ヲ扶《フ》翼《ヨク》スヘシ是《カク》ノ如《ゴト》キ
ハ獨《ヒト》リ朕《チン》カ忠《チユウ》良《リヤウ》ノ臣《シン》民《ミン》タルノミナラス又《マタ》以《モツ》テ
爾《ナンヂ》祖《ソ》先《セン》ノ遺《ヰ》風《フウ》ヲ顯《ケン》彰《シヤウ》スルニ足《タ》ラン
斯《コ》ノ道《ミチ》ハ實《ジツ》ニ我《ワ》カ皇《クワウ》祖《ソ》皇《クワウ》宗《ソウ》ノ遺《ヰ》訓《クン》ニシテ子《シ》孫《ソン》
臣《シン》民《ミン》ノ倶《トモ》ニ遵《ジユン》守《シユ》スヘキ所《トコロ》之《コレ》ヲ古《コ》今《コン》ニ通《ツウ》シテ謬《アヤマ》
ラス之《コレ》ヲ中《チユウ》外《グワイ》ニ施《ホドコ》シテ悖《モト》ラス朕《チン》爾《ナンヂ》臣《シン》民《ミン》ト倶《トモ》ニ
拳《ケン》々服《フク》膺《ヨウ》シテ咸《ミナ》其《ソノ》徳《トク》ヲ一《イツ》ニセンコトヲ庶《コヒ》幾《ネガ》フ

明《メイ》治《ヂ》二《ニ》十《ジフ》三《サン》年《ネン》十《ジフ》月《グワツ》三《サン》十《ジフ》日《ニチ》

御《ギヨ》名《メイ》　御《ギヨ》璽《ジ》

「教育に関する勅語の全文通釈」　昭五（1930）文部省図書局

朕がおもうに、我がご祖先の方々が国をおはじめになったことは、極めて広遠であり、徳をお立てになったことは極めて深く厚くあらせられ、また、我が臣民は、よく忠に励みよく孝を尽くし、国中のすべての者が皆心を一つにして代々美風をつくりあげて来た。

これは我が罫柄の精髄であって、教育のもとずくところも、また、実にここにある。汝臣民は、父母に孝行を尽くし、兄弟姉妹仲良くし、夫婦は互いにむつみあい、朋友互いに信義をもって交わり、へりくだって気ままの振るまいをせず、人々に対して慈愛を及ぼすようにし、学問を修め業務を習って、知識才能を養い、善良有為の人物となり、進んで公共の利益を広め、世のためになる仕事をおこし、常に皇室典範並びに憲法を初め諸々の法令を尊重遵守し、万一危急の大事が起こったならば、大義にもとずいて勇気をふるい、一身を捧げて皇室国家のためにつくせ。こうして、神勅*のまにまに天地とともに、頼りなき宝祚の御栄をたすけ奉れ。このようにすることは、ただに朕に対して忠良な臣民であるばかりでなく、それがとりもなおさず、汝らの、祖先の残した美風をはっきりあらわすことになる。

ここに示した道は、実に我がご祖先のお残しになった御訓であって、皇祖皇宗の子孫たる者及び臣民たる者が、ともに従い守るべきところである。この道は古今を貫ぬいて永久に間違いがなく、また我が国はもとより外国

青少年学徒ニ賜ハリタル勅語

（昭和十四年五月二十二日）

国本《コクホン》ニ培《ツチカ》ヒ国力ヲ養ヒ以《モッ》テ国家隆昌ノ気運ヲ永《エイ》世《セイ》ニ維持セムトスル任タル極メテ重ク道タル甚《ハナハ》ダ遠シ而《シカウ》シテ其《ソ》ノ任実ニ繋《カヽ》リテ汝《ナンヂ》等青少年学徒ノ双肩《サウケン》ニ在リ汝等其レ気節ヲ尚《タット》ビ廉恥《レンチ》ヲ重ンジ古今ノ史実ニ稽《カンガ》ヘ中外ノ事勢ニ鑒《カンガ》ミ其ノ思索ヲ精ニシ其ノ識見ヲ長ジ執《ト》ル所中ヲ失ハズ嚮《ムカ》フ所正ヲ謬《アヤマ》ラズ各《オノオノ》其ノ本分《ホンブン》ヲ恪守《カクシュ》シ文ヲ修メ武ヲ練リ質実剛健ノ気風ヲ振励シ以テ負荷《フカ》ノ大任ヲ全クセムコトヲ期《キ》セヨ

でとり用いても正しい道である。

朕は汝臣民と一緒にこの道を大切に守って、皆この道を体得、実践することを切に望む。

＊神勅

豊葦原千五穂秋《とよあしはらちいほあき》の瑞穂《みずほ》の国はこれ吾が子孫《うみのこ》の王《きみ》たるべき地《くに》なり爾《なんじ》皇孫就《つ》きて治《し》らせ　宝祚《あまつひつぎ》の隆《さか》えまさむこと当《まさ》に天壌《あめつき》と窮《きわ》まりなかるべし

天照大神→瓊瓊杵尊《ににぎのみこと》（曾孫が神武天皇）

＊健康増進法

第2条　国民は生活習慣の重要性に対する関心と理解を深め、生涯にわたって自らの健康状態を自覚するとともに、健康の増進に努めなければならない。

法*はこれに匹敵する。

口頭試問は、「我が国の国体は」と中国の白地図に〝南京〟〝揚子江〟など言われる地名を指すだけで難なく終わったが、体力検査には閉口した。中でも懸垂は3回以上できないと不合格と言われていた。できなくてぶら下がったきり。駄目だろうと諦めかけていたがなんとか合格して無事に入学した。制服は、スカートの丈から靴まで規則ずくめであったが、物資不足の戦時中のこと、靴は下駄でもよいといって、赤い鼻緒の下駄を靴と共に学校が斡旋した。私はこの下駄が気に

2　そのころの子どもは、親より教師より熱心に戦争をした

入って4年間はいた。式の日以外は靴下・足袋を履かず、素足で過ごした。

青少年学徒に賜りたる勅語

2年生になった1939年5月22日「青少年学徒ニ賜リタル勅語」が下賜《かし》された。宮城を遥拝して校長が厳かに奉読するのを、こうべを垂れて聞いた。一段と緊張を強いられたような気がした。覚悟はできているという気もした。自分の肩に手を置いて「汝等青少年学徒の双肩に在り」「汝等青少年学徒の双肩に在り」と呟いた。それからの女学校生活は、授業より軍服の修理などの作業が多くなってきた。男性の教師が一人また一人と、かなり年配の人も含めて召集されていった。その軍服の粗末さや傷みようから戦局を案じた。

修学旅行は、それまで紫丸《むらさきまる》で瀬戸内海を渡り、京都・東京から日光までというコースから九州一周に縮小された。最後に宮崎の「八紘一宇の塔*」で戦勝祈願をした。

日々の暮らしはだんだん追いつめられていたが私の意気は軒昂であった。食糧管理法*が実施されたばかりの時であったが、珍しく夕食の膳に一人一人に鰯が1匹ずつ乗っていた。これを見た小学校5年の弟が「これ配給でしょう?」と言っ

＊八紘一宇の塔
　宮崎市平和公園日名子実三・作
　1940年に、神武天皇即位・皇紀2600年奉祝事業として、宮崎市に建設された高さ36・4mの塔。正面に「八紘一宇」（世界の隅々までを一つの家となすの意味）という文字が刻まれ大東亜共栄圏建設、戦意高揚のスローガンに使われた。戦後GHQにより、「八紘一宇」の碑文は撤去された。1957年（昭和32年）、「平和の塔」に改称。一時はロッククライミングの練習場に使われた（左の写真）。
　その後復元され、現在は名前だけが「平和の塔」となっている。

た。素直な子どもはお上を信じ食管法は国が国民に必要な食べ物を用意してくれるものと信じていて、それが実現したと思ったのである。母が「実は……」と言って入手した経緯を説明するや、弟は「えっ、ヤミ？　だったら僕食べない」と言って2階に上がってしまい夕食を食べなかった。もちろん私も同調した。のちに母は、その後ヤミの物を配給と見せて食べさせるのにどんなに苦労したかを長々と語っていた。

　衣料も切符制になって糸さえ自由には買えないようになった頃、母が私のために銘仙を1反手に入れ仕立ててくれた。私は嬉しかったが、着せてみようとする母の手を拒んだ。なぜならそれは袖丈47センチの標準寸法で仕立てられていたからである。当時は非常時、物資節約が合言葉で着物の袖は元禄袖*か作務衣《さむえ》のような船底袖*にしようと奨められていた。私が、国策に沿って短くしたいと言うと母は、「それでは縫い込んでおけばいい。戦争はいずれ終わるのだから」と言った。とたんに怒り心頭に達した。戦争が終わることなど考えてみたこともなかった。大人たちがこんな考えだから戦争の勝ちっぷりが悪くなると思った。ついには袖は元禄袖になった。着物はやりくりでどうにでもできるものであるが、どうしても切り落とさなければ気が済まなかった。母は切り落とした布で巾着型の手提げ

*食糧管理法
　1942年2月21日東条内閣によって制定。1995年廃止。

*元禄袖

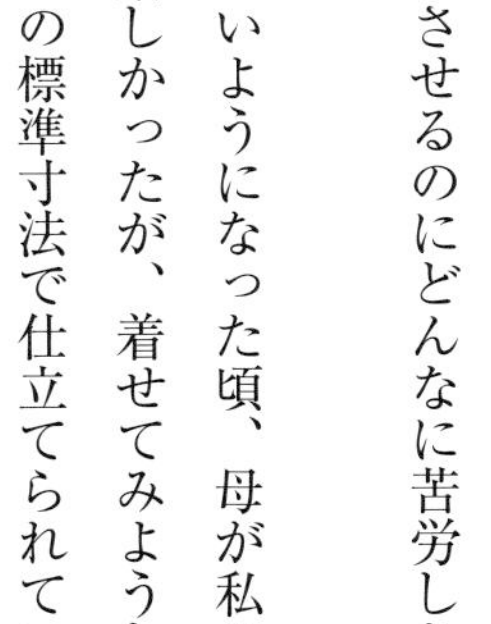

*船底袖

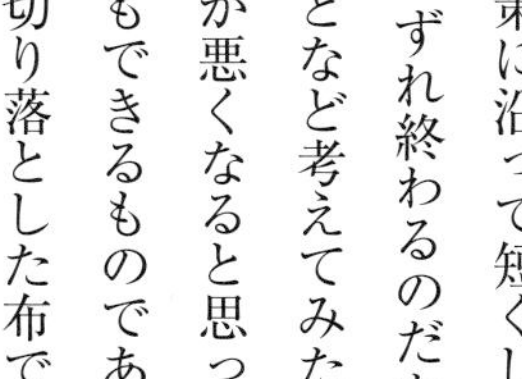

袋を作ってくれた。私はそれを忠誠の証として持ち歩いた。戦後それを着ることはなかった。が、愚かな施策に愚かに追随した己の証に、他の着物は大方処分したのに、いまも箪笥の底に残している。

1941年12月8日、対英米宣戦布告

12月8日の朝はラジオの「臨時ニュースを申し上げます」「臨時ニュースを申し上げます」で飛び起きた。アナウンサーは一呼吸おいて「大本営陸海軍部午前6時発表　帝国陸海軍は本8日未明、西太平洋に於いて　アメリカ・イギリス軍と戦闘状態に入れり」と続けた。予想していたことではあったが、〝ヤッター〟と思った。あちこちから自発的にバンザイを叫ぶ声が聞こえた。このニュースは軍艦マーチや愛国行進曲を挟んで何度も伝えられた。

「宣戦の詔書*」が下された。この詔書によって日本は泥沼の戦いに巻き込まれていくのだけれど、来るべき時が来たのである。国民は軍の力を信じ、足りなくても乏しくても頑張らなくてはならない。

当日は期末試験日で科目は英語であった。学校に着くとあちこちで「敵性語を学ぶのはやめよう」「英語の試験はやめてもらおう」という相談が始まっていた。

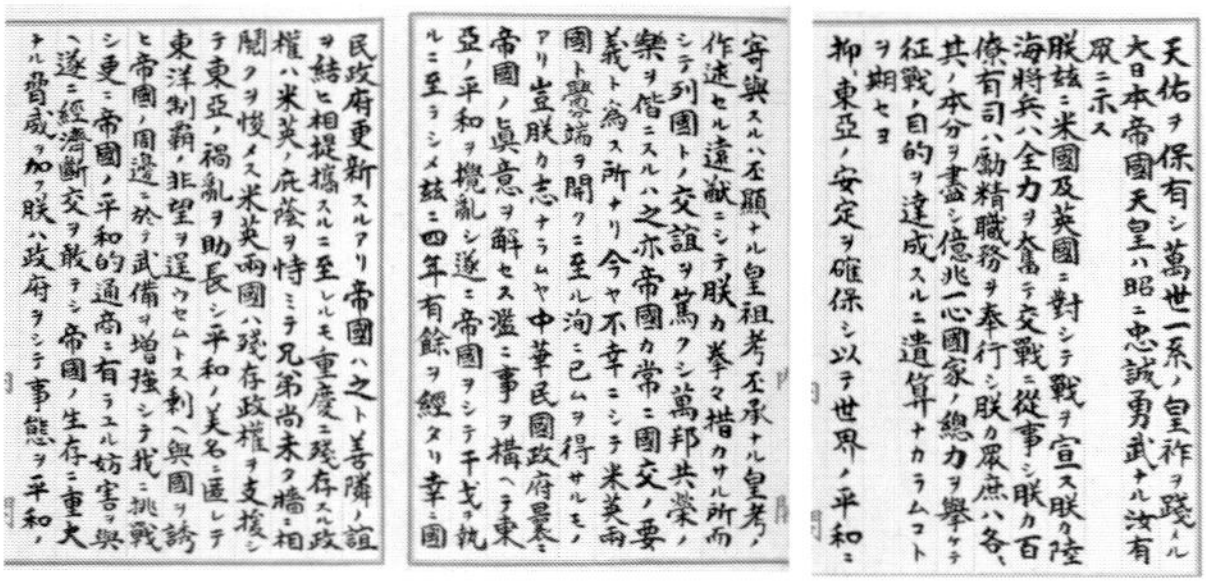
天佑ヲ保有シ萬世一系ノ皇祚ヲ踐メル
大日本帝國天皇ハ昭ニ忠誠勇武ナル汝有
衆ニ示ス
朕茲ニ米國及英國ニ對シテ戰ヲ宣ス朕カ陸
海將兵ハ全力ヲ奮テ交戰ニ從事シ朕カ百
僚有司ハ勵精職務ヲ奉行シ朕カ衆庶ハ各々
其ノ本分ヲ盡シ億兆一心國家ノ總力ヲ擧ケテ
征戰ノ目的ヲ達成スルニ遺算ナカラムコト
ヲ期セヨ
抑々東亞ノ安定ヲ確保シ以テ世界ノ平和ニ
寄與スルハ丕顯ナル皇祖考丕承ナル皇考ノ
作述セル遠猷ニシテ朕カ拳々措カサル所而
シテ列國トノ交誼ヲ篤クシ萬邦共榮ノ
樂ヲ偕ニスルハ之亦帝國カ常ニ國交ノ要
義ト爲ス所ナリ今ヤ不幸ニシテ米英兩
國ト釁端ヲ開クニ至ル洵ニ已ムヲ得サルモノ
アリ豈朕カ志ナラムヤ中華民國政府曩ニ
帝國ノ眞意ヲ解セス濫ニ事ヲ構ヘテ東
亞ノ平和ヲ攪亂シ遂ニ帝國ヲシテ干戈ヲ執
ルニ至ラシメ茲ニ四年有餘ヲ經タリ幸ニ國
民政府更新スルアリ帝國ハ之ト善隣ノ誼
ヲ結ヒ相提攜スルニ至レルモ重慶ニ殘存スル政
權ハ米英ノ庇蔭ヲ恃ミテ兄弟尚未タ牆ニ相
鬩クヲ悛メス米英兩國ハ殘存政權ヲ支援シ
テ東亞ノ禍亂ヲ助長シ平和ノ美名ニ匿レテ
東洋制覇ノ非望ヲ逞ウセムトス剰ヘ與國ヲ誘
ヒ帝國ノ周邊ニ於テ武備ヲ増強シテ我ニ挑戰
シ更ニ帝國ノ平和的通商ニ有ラユル妨害ヲ與
ヘ遂ニ經濟斷交ヲ敢テシ帝國ノ生存ニ重大
ナル脅威ヲ加フ朕ハ政府ヲシテ事態ヲ平和ノ

＊宣戦の詔書

英語苦手の私はすぐ同調し職員室に向かった。もちろん中止には至らなかったが、英語苦手は今も続いていて、毎朝新聞を読むにもカタカナ語辞典が離せないくらいである。

以来12月8日は大詔奉戴日になった。1939年から興亜奉公日として毎月1日に行われていた武運長久の神社参拝や日の丸弁当は8日に行われるようになった。間もなく日の丸弁当さえできなくなるが。

切羽詰まった情勢の中、卒業がだんだん近づくのに自分の進学がうまくいかない、職業軍人の娘であるクラスメートの一人は徴用を避けるために、早々と師団司令部の事務員などという職を得ていた。

女でも靖国に行くために――従軍看護婦になる

鬱々としていた時、しばらく会わなかったボーイフレンドが頼もしい海軍予備学生の制服を着て現れた。

別れの挨拶に「この世で会えなかったら靖国で会いましょう」と付け加えた。この言葉は戦地に赴く若者の当時の常套句であったけれど、彼の言葉には覚悟が

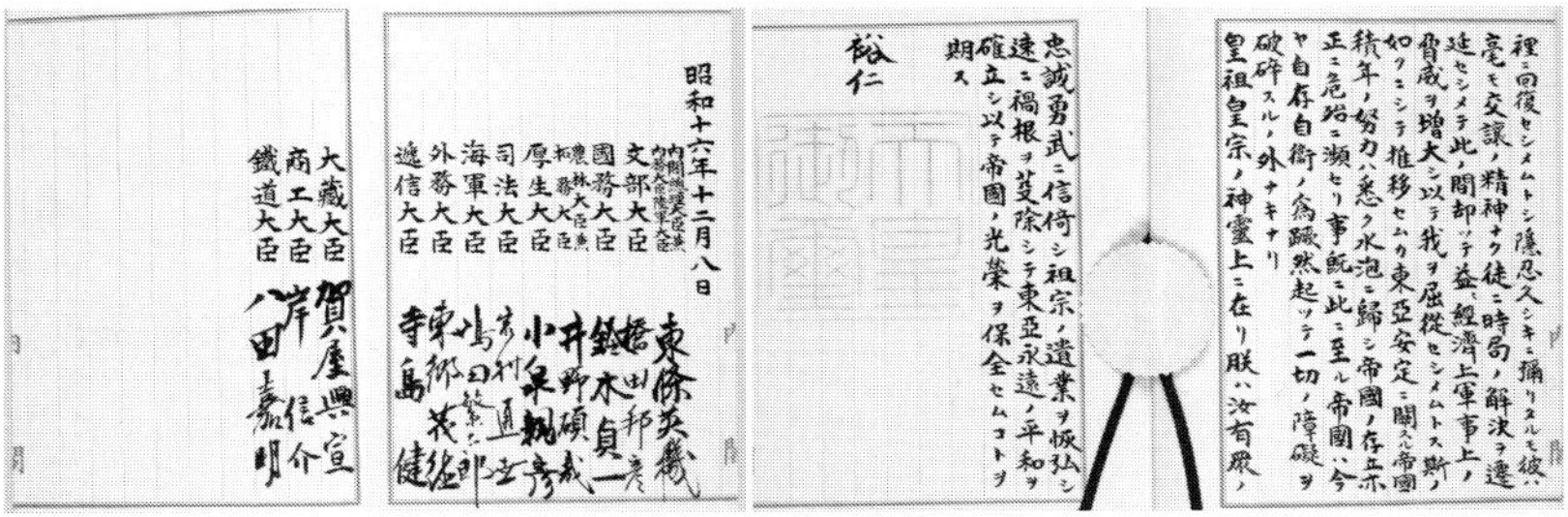
理ニ回復セシメムトシ隠忍久シキニ彌リタルモ彼ハ毫モ交譲ノ精神ナク徒ニ時局ノ解決ヲ遷延セシメテ此ノ間却ッテ益々經濟上軍事上ノ脅威ヲ増大シ以テ我ヲ屈從セシメムトス斯ノ如クニシテ推移セムカ東亞安定ニ關スル帝國積年ノ努力ハ悉ク水泡ニ歸シ帝國ノ存立亦正ニ危殆ニ瀕セリ事既ニ此ニ至ル帝國ハ今ヤ自存自衛ノ爲蹶然起ッテ一切ノ障礙ヲ破碎スルノ外ナキナリ
皇祖皇宗ノ神靈上ニ在リ朕ハ汝有衆ノ忠誠勇武ニ信倚シ祖宗ノ遺業ヲ恢弘シ速ニ禍根ヲ芟除シテ東亞永遠ノ平和ヲ確立シ以テ帝國ノ光榮ヲ保全セムコトヲ期ス

裕仁

昭和十六年十二月八日
内閣總理大臣兼内務大臣陸軍大臣　東條英機
文部大臣　橋田邦彦
國務大臣　鈴木貞一
農林大臣兼拓務大臣　井野碩哉
厚生大臣　小泉親彦
司法大臣　岩村通世
海軍大臣　嶋田繁太郎
外務大臣　東郷茂徳
遞信大臣　寺島健
大藏大臣　賀屋興宣
商工大臣　岸信介
鐵道大臣　八田嘉明

読み取れ切実であった。私も靖国に行くことを考えた。

彼が戦死して靖国に祀られる、私が喪服を着て額づく、それでは嫌だ。私も靖国に行かねば。女でも靖国に行くにはと考えた。調べると女性で祀られている人に従軍看護婦がいた。そうだ日本赤十字社に行かなければと決めた。母はもちろん家族は大反対であった。進学の推薦をしてくれていた教師も反対したが私の決心は固かった、固かったというより周りが反対すればするほど値打ちのあることに思えて決心は固まっていった。

結果として学校は盛大に送りだしてくれた。しかし、何もわかってはいなかった。日本赤十字社救護者看護婦養成所に入所して制服と共に白衣が渡された時、「ああ看護婦になるのか」「どうしよう」と思ったが晴れがましいセレモニーが続くなか流されしまった。靖国に行く回り道と思うしかなかった。教程を開くとちゃんと「日本赤十字社は戦時にありては陸海軍務を幇助し……」とあった。気がつくと看護婦の大量生産が目され、人数は倍増、養成機関は3年が半減され、1年半になっていた。

１９４１年12月8日の真珠湾攻撃以後、１９４２年1月12日にはクアラルンプール占領、2月になれば14日に落下傘部隊がパレンバンに降下し、15日にはシ

日本赤十字社に入った頃の著者

ンガポール占領、4月11日バタアン半島占領、5月にはコレヒドール占領と破竹の勢いで日本軍の勝利が続いた。学校には時局室という部屋が設けられ、太平洋を中心にした大きな地図が貼られ占領したところに日の丸の小旗を挿していった。
一方、国民の生活は窮乏し、衣料の切符制、食糧管理法公布など統制は厳しくなり、寺の梵鐘まで供出が強制され除夜の鐘も聞けなくなった。それでも国民は勝利を信じ、時には網の目を潜ってヤミに頼りながら、「勝つまでは」と耐えた。その命を維持するためのヤミ行為を軍国少女に育った私は許せなかった。

戦局の転換

1942年4月18日には、東京に初空襲があった。勝ち戦の最中の突如として現れたアメリカの爆撃機B25による空襲を、新聞は「敵機が本土を視察に来た」と報じた。実は全国で数十カ所が空襲を受け、東京では251戸が焼失、29名の死者と307名の負傷者を出している。これを機に防火訓練が盛んになった。5月8日には朝鮮人に対する徴兵制施行が閣議決定され、43年3月1日に兵役法改正を経て8月1日に施行された。5月26日には国民総動員計画で14歳以上の女子も動員の対象になった。国民の多くはあいかわらずアッツ島の勝利を疑わず、「欲しがりません勝つまでは」の標語を唱えていたが、戦局の転機は6月5日にやってきた。無敵を誇っていた日本海軍は総力を挙げたミッドウェイ海戦で空母を4隻失って敗退し、これを境に日本の敗色が濃くなっていく。12月8日の開戦一周年国民大会の日、ニューギニアでは日本軍8万人が戦死。8月から激しい死闘が続いていたガダルカナル島は補給が途絶え飢餓の島になり、多くの兵員を失った。1943年2月になって撤退を開始した。大本営は一貫してこのような事実を隠し、「南太平洋方面戦線は、新作戦の基礎確立、ブナ・ガダルカナルより転進」と発表した。

アッツ島玉砕——1943年

1943年5月14日、大本営は「アッツ島に有力な米軍が上陸した」ことを発表した。1年にわたって血みどろの戦いが続いていた北海の孤島に最後の時が近づいていた。日本の守備隊は2千数百、敵は艦砲射撃及び飛行機による重爆撃の下、特殊優秀整備の2万の兵が島の南、北、東海岸から一斉に上陸

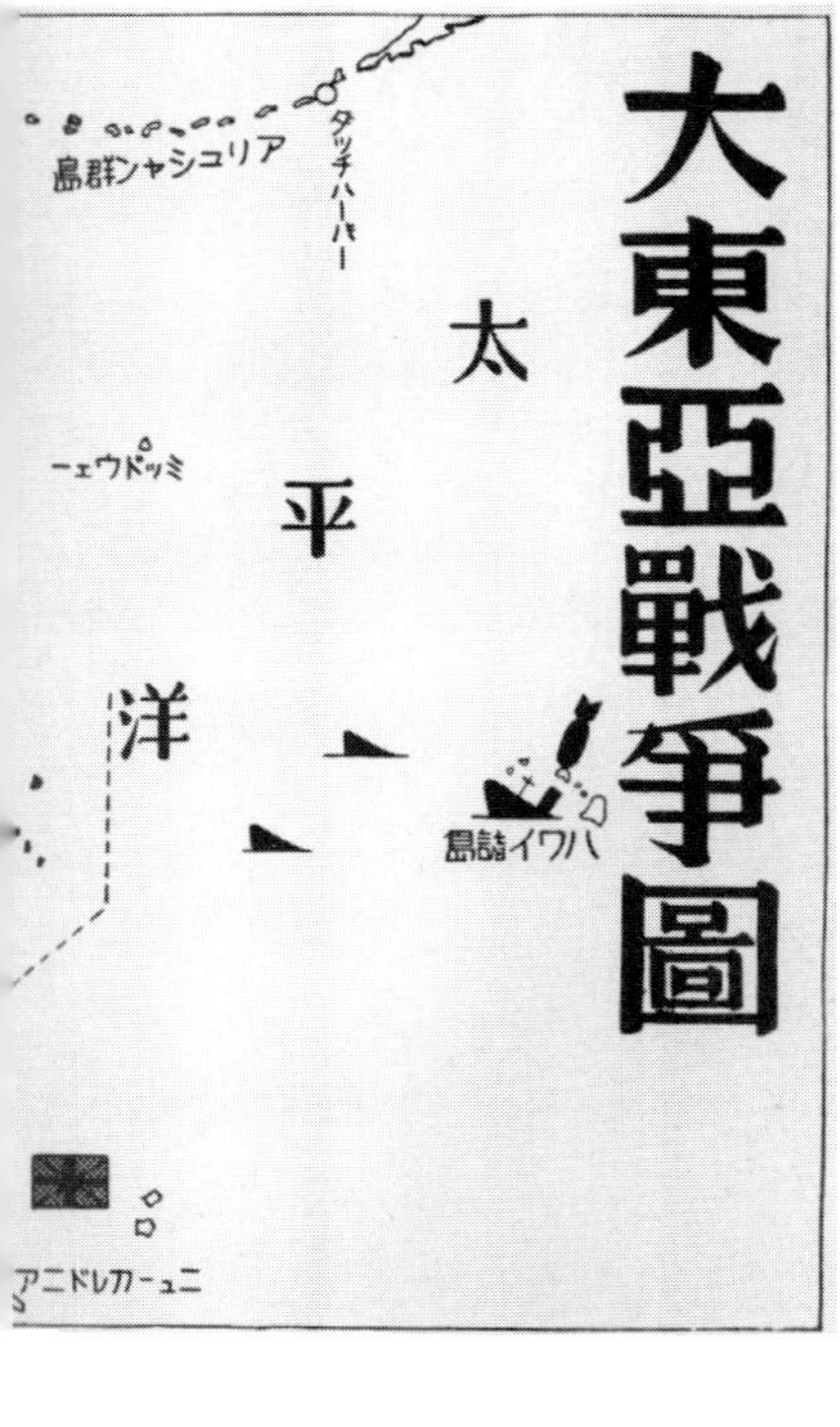

『画報躍進之日本』より

してきた。５月29日、想像を絶する戦いで全滅したアッツ島守備部隊の最後を大本営は報じた。

敵主力部隊に対し最後の鉄槌を下し行軍の神髄を発揮せんと決意し全力を挙げて壮烈な攻撃を敢行せり、爾後通信全く途絶全員玉砕せるものと認む。傷病者にして参加し得ざるものは之に先立ち悉く自決せり。

「玉砕」という言葉が公式に使われたのはこの時が初めてだと思う。玉が砕けるという潔い響きに敗北感はなく涙があふれた。

新聞には「アッツ島の忠魂に続け」「アッツ島の復仇」「一億総突撃」など敵愾心《てきがいしん》を煽る言葉があふれた。

（アッツ島はキスカ島の西海上にある）

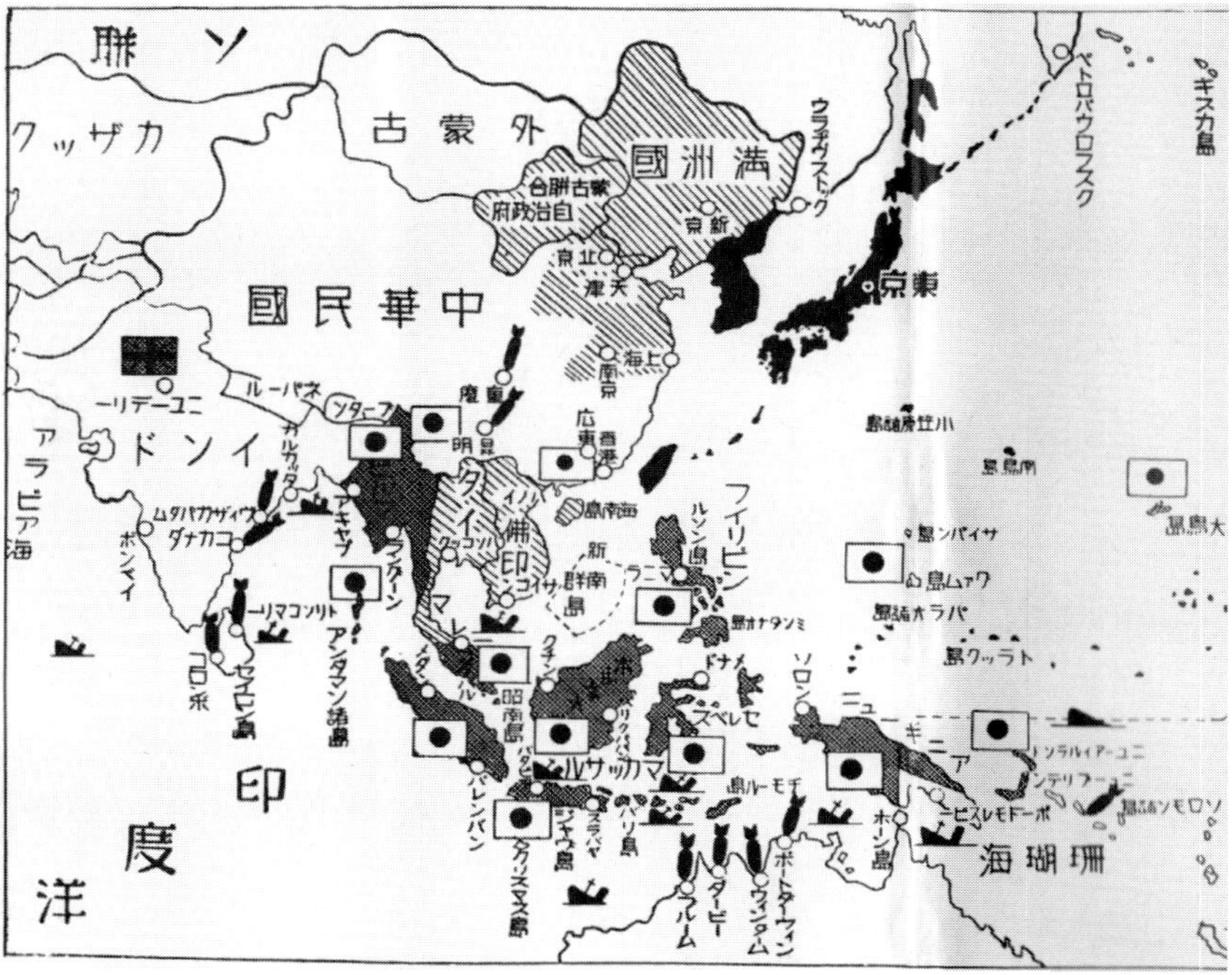

『画報躍進之日本』より

2　そのころの子どもは、親より教師より熱心に戦争をした

1943年5月21日になって、連合艦隊の司令長官山本五十六*がソロモン群島上空で4月18日戦死していたことが公表された。アッツ島玉砕に加え大きな衝撃を受けた。

7月になって朝日新聞社が陸軍情報局の後援を得て募集した「アッツ島血戦勇士顕彰国民歌*」が発表された。全国から応募があった。9683篇の中から選ばれた裏巽《うらたつみ》久信さんの歌詞に山田耕筰が曲を付けて悲壮感溢れる歌ができた。

アッツ島血戦勇士顕彰国民歌

一、刃も凍る北海の　御楯となりて二千余士
精鋭こぞるアッツ島　山崎大佐指揮をとる　山崎大佐指揮をとる
二、時これ五月十二日　暁こむる　霧深く
突如と襲う敵二万　南に邀《むか》え　北に撃つ　南に邀え　北に撃つ
三、陸海　敵の猛攻に　我が反撃は火を吐けど
巨弾は落ちて地を抉り　山容　ために改まる　山容　ために改まる

（略）

川端龍子「越後（山本五十六元帥）」
大田区立龍子記念館絵はがきより

＊アッツ島血戦勇士顕彰国民歌
1943年、朝日新聞選定。国民歌は銃後の国民精神団結のために作られた。『愛国行進曲』や『進軍の歌―露営の歌』など多数。

十、ああ皇軍の神髄に久遠の大義生かしたる
　忠魂のあとうけつぎて撃ちてし止まん醜の敵＊

私たちはすぐに覚えてみんなで歌って涙し、涙しては歌い、「撃ちてし止まん＊醜《しこ》の仇《あだ》」に同化していくのを感じた。「撃ちてし止まん」「撃ちてし止まん」何度も唱えてきた言葉であったが、この時しみじみ実感した。アッツ島で玉砕した英霊を慰めるためにはこれしか考えられなかった。

今もほとんど暗唱できる。歌のお蔭で日付も兵員の数も覚えている。考えてみれば「音楽は軍需品である」と言われたように、音楽も戦争画と同じように戦意高揚の役割を果たした。

海ゆかばは戦死者を超えての出撃譜

その頃しきりに歌われた歌に「海ゆかば」がある。大伴家持《おおとものやかもち》の長歌の一部に信時潔が新しい曲を付けたもので、1943年、NHKの委託により、総理大臣そのほか顕要の職にある人が放送で講演をする場合のテーマ音楽として使用された

＊醜の敵
「醜《しこ》」とは醜悪なもの、憎みののしるべきものなどに言うのだが、卑下の気持ちを込めて用いることもある。たとえば、醜の御楯《みたて》。

＊撃ちてし止まん

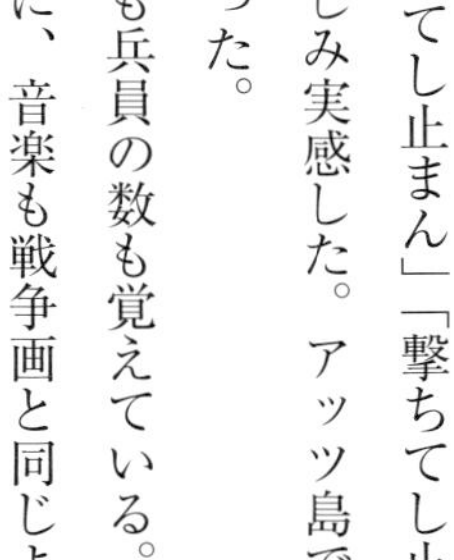

1943年3月10日の陸軍記念日には、「撃ちてし止まむ」（宮本三郎画）のポスターが巷にあふれた。

ものであるが、文部省と大政翼賛会で儀式に用いることを決め準国歌の役割を果たした。

海ゆかば　水漬く屍
山ゆかば　草むす屍
大君の辺にこそ死なめ
かへり見はせじ

「君が代」の次に重々しいピアノの伴奏で歌うと、だんだん思いが高揚してきて、天皇陛下のために命を投げ出さなければならないという気分になってしまうのであった。戦局が日本に厳しくなってからの放送に、勝利の時は「軍艦マーチ」、玉砕などには「海ゆかば」が使われた。「海ゆかば」はあたかも鎮魂歌のように思われている向きもあるが、本来は勇壮な出撃譜である。国民にいっそうの奮起と覚悟を促すためあえて流されたのであろう。事実悔し涙は流してもめげてしまうことはなかったのではないか。

１９４３年９月２日「アッツ島玉砕」との出会い

１９２５年治安維持法公布の年に生まれ、爆弾三勇士を旗行列で讃え、明仁の誕生を祝い、満州の兵隊さんに慰問文を送り、米英撲滅のポスターを描いてでき上がった軍国少女の私は、親より教師より熱心に天皇陛下のために戦争をした。海軍予備学生になったボーイフレンドの「この世で会えなかったら靖国で会いましょう」に応えるために日本赤十字救護看護婦養成所に入った。短縮卒業間際であった。

東京都美術館で開かれた国民総力決戦美術展に藤田の「アッツ島玉砕」を見るために制服を着て訪れた。陸軍美術協会が単独で主催した展覧会。洋画・日本画・彫刻の各分野で戦争に関連した作品を募った公募展で、陸軍作戦記録画としては藤田の「アッツ島玉砕」のみであった。作戦記録画ではないが、田村孝之介の「血闘」や吉井忠の「祖国を守る人々」などがあったかもしれない。ともかく「刃も凍る……」と「アッツ島血戦勇士顕彰国民歌」を唱えながら「アッツ島」の前に立った。藤田の会心の作であり、その後の作品にみられる死闘図の先駆けになったものである。開催２日目であったためか、野見山暁治《のみやまぎょうじ》が書いているような場面（すさまじい血闘に思わず手を合わせ賽銭を投げる人がいたため賽銭箱が用意され、「賽銭箱に十銭投げ入れると藤田がお辞儀をしたという」）に出会うこともなく、皆真剣なまなざしを向けていた。その凄まじさに思わず手を合わせる人もいた。そばにいた少年は拳を握りしめていた。折り重なる死体、味方か敵か、生者か死者かの区別もつかない。断末魔の叫び声が聞こえるような画面が、見る人の敵愾心を唆す。その場にいる人は皆、「仇を討たなければ……」と感じたに違いないと思った。

この絵はそれまでの絵と違って彼の想像画であった。自主的に描き始めて結果的に「作戦記録画」に入ったもので、依頼されたものではなかった。勝ち戦は現地へいって取材もできるが、玉砕の場面はできない。他の画家が後ずさりするなか彼は自由に想像し、たくましく、西洋の古典を引用したりして、死闘を躍動的に描いた。この時に得た自信が「薫空挺隊敵陣に強行着陸奮戦す」や「サイパン島同胞臣節を全うす」などの凄惨な場面を描かせたのであろう。

なおこの絵のサインは今見ると洋風に描かれているが、戦後に描き直したものと言われている。

我身ヲ以テ太平洋ノ防波堤タラン

この件に関連して、美術評論家田中日佐夫は以下のように記している。

　藤田の『サイパン島玉砕』が力作であること、そして高く評価されるべき作品であることは確かだと私は考えている。ただし、その画面下端に記されているサインの部分は少なくとも二度にわたって記されたとしか考えられない瘢痕が認められる。このことには注意がひかれる。すなわち現在、アンバー系の地色の上に最も濃い白色で記されている「Ｔ・Ｆｕｊｉｔａ１９４５」の上方に、やや薄く「嗣治」の右上方に白く「我身ヲ以テ太平洋ノ防波堤タラン」と24センチにわたってしるし、下方に「謹画２６０５」とあるのである。「我身ヲ以テ……」という言葉は、玉砕を覚悟したサイパン島における合い言葉であり標語であった。玉砕一か月前に帰還した日映特派員が7月19日付朝日新聞に写真入りで紹介していたのだが、藤田はそれを見ていて、自作の隅に記し、漢字で自著し、制作年も当時使われていた皇紀（神武天皇即位から起算）で記したのであった。なお、同様なことは『アッツ島玉砕』においても見ることができる。（『朝日美術館　テーマ編Ⅰ『戦争と絵画』朝日新聞、１９９０）

敗色が濃くなればなるほど私は反撃の思いに自分を奮い立たせ、その高揚は敗戦まで揺らぐことはなかった。

１９４４年看護婦養成所を卒業してマニラに派遣される予定であったが、もうそこへ行く手段はなく、急遽欠員補助として満州に行った。１９４４年10月であったが、日本内地のように空襲はなく、酒保には羊かんもたばこもあった。雪が解けて春になったら、お弁当を持って原野に出かける薬草採集という行事もあった。次第にラジオから流れるニュースが「軍艦マーチ」ではなく「海ゆかば」ではじまるようになり、玉砕が続くと傷病兵たちは一様に不安を募らせるようになっていった。

3　戦争画を一挙公開し、議論をすすめよう！

8月15日は空気を一変させた

１９４５年8月15日の「玉音放送」は、鉄嶺陸軍病院（満州国）で聞いた。１週間後には、ソ連兵が入ってきて武装解除が行われた。練兵場で武装解除を受け、素手で戻って来た軍医や衛生兵を、待機していた傷病兵らは涙で迎えた。数日を置いて国民党軍が現れた。それぞれ戦勝軍として無法の限りを尽くした。ついで共産党八路軍が来た。私は拉致とも招聘ともつかない形で、行軍を続ける彼らと１年近く行動をともにした。そこの居心地が悪いわけではなかったが、一日、日本を見ておきたくてハルピンで離脱して引揚げに加わり、１９４６年末復員した。３か月を要した引揚げは波乱に満ちたものではあったけれど、その苦労は語らない。引揚げは侵略者として赴いたから起こったことであるから、語るなら、さきに侵略の実態をきちんと語ってからでなければならないと思っているからである。

戻った日本で空腹のなか考えた。あり得ないことであったのに日本が負けた。

にもかかわらず私は生きている。どうも間違ったことをしてしまったようである。天皇のために命を捧げ、靖国に行きたい一心で、あらゆる夢をさし置いて過ごしたこの5年は何だったのだろうか。とりあえずこの5年間をなかったことにして出直そうと考えた（実務は5年間であるが、そこに至らせたのはそれまでの環境・教育であるのだから厳密にいえば生まれてからの20年である）。その間の友人知人との付合いを断ち、5歳年下の人たちと学び始めた。しかし、あったことは、なかったことにはならない。天皇のために青春を費やした。取り戻さなければならない。それには、そこへ導いた教育・マスコミの責任を明らかにしなければならないと考え続けた。

気がつくと、巷では様々な分野で戦争責任を問う論議が起こっていた。美術分野では藤田批判があがっていた。まずは戦争中、軍部に協力してたくさんの戦争画を描き、国民を戦意高揚に導き、戦後は占領軍に協力するという節操のなさに対してであった。批判には、真に反戦の立場からの声もあれば、配給制の中での特権的立場に対する怨念からのものもあった。これらに対して藤田は「画家は本来自由愛好者で、軍国主義者であろうはずはない」と反論していたが、1945年9月2日、神奈川県相模原の藤田の疎開先では1日中、カタログ・書類などを焼く炎が上がっていたという。やはり開き直るには見せられないものがあったのだろう。かつて神奈川の北極と呼ばれていた、現在は政令都市相模原市緑区藤野町である。藤田が疎開した地であることを誇りに、そこに住む若い芸術家たちは芸術村を名乗っている。

1946年、パリ画壇への復帰を願ってフランス領事館に渡仏の申請をする。しかし受理されず、結局、1949年3月羽田から渡米。イギリスを経て1950年2月パリに到着する。このことは、1章でも触れた。

彼の日本脱出（逃亡）は戦争画議論を停滞させる一因になった。

再び出会った「アッツ島玉砕」

1968年7月、東京駅八重洲にある大丸デパートで行われていた「日本絵画史に輝く　太平洋戦争名画展」で再び「アッツ島玉砕」に出会うことになった。前にも述べたようにこの展覧会は、当時接収されてアメリカにあった作品を写真から複製した22点を含め66点が展示され、壮観な戦争画展であった。その後もこれだけの規模の戦争画展はなかったように思う。

この展覧会に寄せて監修者の柳亮は次のように書いている。

太平洋戦争名画展に寄せて
——記録画の真実と虚構——

（前略）

戦争記録画の出現は記念的な意図のもとに作られたもので、戦後、指弾されたような、戦意高揚のためとか、戦争協力を意味する好戦的な目的から出発したものではない。しらずしらずそこに落ち込んで行ったのは太平洋戦争の勃発後、とくに軍部の独裁が強化され、国民全体が好むと好まざるとにかかわらず、それに駆り立てられるようになってからのことである。

いずれにしても記録画の使命は、事象の記録にあって、芸術を主目的とするものではないから、（中略）、絵画的な手段を通じてなされる限り、最小限絵画としての条件を欠くことは許されないし、もしまたその条件が満たされておれば、それだけ強い訴心力を持つことになるのであって、すでにそれは芸術の領域だと言わなければならないだろう。

（『日本絵画史に輝く　太平洋戦争名画展』図録より）

展覧会はこれをふまえた戦争画の名画展であった。

名画を見に来た観客の人々のまなざしはさまざまであったようだが、ともかくたいへんな賑わいであった。「アッツ島玉砕」にたどり着くには大勢の人をかき分けなければならなかった。さらに人だまりをかき分け、正面に対峙することができた。複製であったが、当初に見た時の感覚が甦って来た。敗戦を経て思いは乱れた。これを見て勇み立って戦場に向かった人は……、私はこうして生きているが……、靖国に眠っているだろうか、砕けた骨になって蒼南の海に沈んだままだろうか……。この絵はもちろん実写ではなく、軍の資料提供による創作画で、当然、極北の敗戦の現実を玉砕と讃え、その死を仇敵撃滅の思想に転化しようという軍の強い意向が働いてる。

要求された短い期間に藤田は見事に応えた。あまりにも真に迫った死闘図に、軍の中にも公開をためらう声があったというが、藤田は自らの最高傑作と信じて応じなかったし、弾みがついたように以後、「血戦ガダルカナル」「プキテマの夜戦」「薫空挺隊敵陣に強行着陸奮戦す」「サイパン島同胞臣節を全うす」などの死闘図を描くようになるのであるが、その勢いを持った自負、その勢いこそが私たちを唆《そそのか》したのではないだろうか。

絵が展示された時、特に地方巡回などで老婆・老爺がわが子の武運をあるいは冥福を祈って手を合わせるのをみたことが伝えられているが、その心情は同じであったのだろうか。戦後の戦争責任追及の問題ともかかわるが、「藤田の作品は描法に優れているが内面的な深まりがない」という定説通り、職人的な自信を深めただけだったのだろうか。

日本の現政権は「戦争のできる国」を目指している。

戦前の皇民化教育は、教育勅語に基づいていた。「父母ニ孝ニ」から「一旦緩急アレバ義勇公ニ奉ジ」まで11の徳目の修身科が筆頭にあった。各教科はその実践編として、究極は一命をなげうって「天壌無窮ノ皇運ヲ扶翼スル」ことであった。教科書やマスメディアとともに戦争画も大きな役割を果たしてきた。

修身教科書「キグチコヘイ」

修身小学校1年の「キグチコヘイ」は鈴木華邨の木版本『日清戦争絵巻　第三巻成歓之巻』が原画だという。

余談になるが、国定教科書第二期では絵は鈴木華邨を踏襲した竹内桂舟になった素描で、「キグチ　コヘイ　ハ　ラッパ　ヲ　クチニ　アテタ　ママ　シニマシタ。」と素直な文章で書かれているが、第三期になるや、絵が荒々しくなるとともに文章も「キグチコヘイ　ハ　テキ　ノ　タマ　ニ　アタリマシタ　ガ、シンデモ　ラッパ　ヲ　クチカラ　ハナシマセンデシタ。」と、死んでからも忠義武勇に仕立てている。

第四期に至っては、ページが増え敵の塹壕らしき絵と「キグチコヘイ　ハ　イサマシク　イクサ　ニ　デマシタ。」と仕立のもようが加わっている。1兵卒がヒーローになるというこのような画像は容易に子どもの心に刷り込まれる。長い間教材として使われた所以である。

1936年には明治神宮外苑に聖徳記念絵画館が完成し公開された。聖徳とは明治天皇と昭憲皇太后の徳という意味である。2人の一代の出来事が壁画80枚によって示された。当時の一流の画家によって描かれた3×2・7メートルの日本画・洋画各40枚だった。松林桂月の「伏見鳥羽戦」、前田青邨の「大嘗祭」、太田喜二郎の「日清役黄海海戦」、南薫造の「広島大本営軍務親裁」、荒井陸男の「日露役旅順開城」、安田稔の「樺太国境画定」など、写真がなかった時代のことも、丁寧に考証された戦争記録画である。聖徳祈念絵画館は修学旅行のコースになり、皇民教育の一環を担った。

十七
キグチ コヘイ ハ
ラッパ ヲ クチ
ニ アテタ ママ
シニマシタ。

国定教科書第二期（1910 ～ 1917）

十七
キグチコヘイ ハ テキ ノ
タマ ニ アタリマシタ ガ、
シンデモ ラッパ ヲ
クチ カラ ハナシマセン
デシタ。

国定教科書第三期（1918 ～ 1933）

国定教科書第四期（1934 ～ 1940）頁が増え仕立てのもようが加わった。

キグチコヘイ
ハ、イサマシク
イクサ ニ
デマシタ。

テキ ノ タマ
ニ アタリマシタ
ガ、シンデ モ、
ラッパ ヲ クチ
カラ ハナシマセン
デシタ。

教育勅語等排除に関する決議

戦後、教科「修身」は、１９４５年の修身廃止（ＧＨＱ指令）と１９４８年の衆議院の排除決議、参議院の失効決議によって解体された。小中学校の教育課程について定めた学校教育法施行規則には道徳の字は見当たらない。

衆議院の「教育勅語等の排除に関する決議」には、「これらの勅語の根本的理念が主権在君並びに神話的国家観に基いている事実は、明かに基本的人権を損い、且つ国際信義に対して疑点を残すもととなる」とある。にも拘わらず、衆参両院決議においては、教育勅語とその解説書の内容や、戦前に行われていた「修身」（道徳教育）・愛国心教育が全国の子どもたちにどのような影響を及ぼしたかについては具体的な調査や検証が行われたという形跡は見当たらないし、反省の意も見当たらない。このことが、教育勅語は決議により、教育目的及び道徳基準についての最重要文書としての地位を失ったものの、教育基本法と教育勅語とは共存し得るという論を生み、愛国心教育の復活を許す余地を残してしまっているのである。このことは教育界・美術界はもちろん、政界・経済界にも共通することである。

Ⅵ　教育勅語等の排除に関する決議

（一九四八年六月十九日衆議院可決）

民主平和国家として世界史的建設途上にあるわが国の現実は、その精神内容において未だ決定的な民主化を確認するを得ないのは遺憾である。これが徹底に最も緊要なことは教育基本法に則り、教育の革新と振興とをはかることにある。しかるに既に過去の文書となつている教育勅語並びに陸海軍軍人に賜わりたる勅諭その他の教育に関する諸詔勅が、今日もなお国民道徳の指導原理としての性格を持続しているかの如く誤解されるのは、従来の行政上の措置が不十分であつたがためである。

思うに、これらの詔勅の根本的理念が主権在君並びに神話的国体観に基いている事実は、明かに基本的人権を損い、且つ国際信義に対して疑点を残すもととなる。よつて憲法第九十八条の本旨に従い、ここに衆議院は院議を以て、これらの詔勅を排除し、その指導原理的性格を認めないことを宣言する。政府は直ちにこれらの詔勅の謄本を回収し、排除の措置を完了すべきである。

右決議する。

Ⅶ　教育勅語等の失効確認に関する決議

（一九四八年六月十九日参議院可決）

われらは、さきに日本国憲法の人類普遍の原理に則り、教育基本法を制定して、わが国家及びわが民族を中心とする教育の誤りを徹底的に払拭し、真理と平和とを希求する人間を育成する民主主義的教育理念をおごそかに宣明した。その結果として、教育勅語は、軍人に賜はりたる勅諭、戊申詔書、青少年学徒に賜はりたる勅語その他の諸詔勅とともに、既に廃止せられその効力を失つている。

しかし教育勅語等が、あるいは従来の如き効力を今日なお保有するかの疑いを懐く者あるをおもんばかり、われらはとくに、それらが既に効力を失つている事実を明確にするとともに、政府をして教育勅語その他の諸詔勅の謄本をもれなく回収せしめる。

われらはここに、教育の真の権威の確立と国民道徳の振興のために、全国民が一致して教育基本法の明示する新教育理念の普及徹底に努力をいたすべきことを期する。

右決議する。

修身の復活――「道徳」

1958年、学習指導要領の改訂で〝試案〟であった指導要領が官報に告示され、法的拘束力を持つとされ、「修身」の復活と言われる「道徳」が特設された。36の項目を並べ、35番目に愛国心を挙げた。1968、1977、1989、1998年と、改訂のたびに項目は若干変更したが愛国心は続き、教育勅語のキーワードにもほぼ対応してきた。

国が法律で愛国心を規定して人々に求めることは近代の社会にはなじまない。だが、2006年12月、改訂教育基本法に愛国心を規定し、受けて2007年一部改訂学校教育法に義務教育の目標を新設して愛国心を規定した。これによって学習指導要領にだけ規定されていた愛国心が、教育基本法→学校教育法→学習指導要領（道徳・社会）というラインで法制化された。

「特別の教科である道徳」を新設――2015年3月

2008年指導要領改訂を経て、ついに2015年3月、教育課程に「特別の教科である道徳」を新設した。そして教科化に伴って検定教科書を使った「道徳」の授業が２０１８年度（中学は２０１９年度）から実施されている。

検定に合格した教科書は、「伝統文化の尊重、国や郷土を愛する態度の扱いが不適切」と言われただけでパン屋を和菓子屋に、アスレチックを和楽器に変更して巷の話題になった。女性週刊誌でも「愛国心を教えるのに和菓子屋にすがるとは情けない」と揶揄されたように、忖度に忖度を重ねてでき上がった代物である。善悪・正直・親切・感謝・礼儀・規則・勤労・公共・家族愛・伝統文化・愛国・国際理解・畏敬、等々22の徳目に沿った教材が並び、何としても「日本よい国…」を取り戻そうという意図の実現で、まさに「教育勅語」を彷彿とさせる。教科化は教科書の使用と共に評価を伴う。現在のところ文部科学省は数値的評価はしないと言っているが、実態として教科書の多くは単元ごとに自己評価欄を設けているし、すでに現場から基準を要求する声があるようである。

逆らわない心と丈夫な体

戦争をするには国民の逆らわない心と丈夫な体が必要である。道徳の教科化は学校が個人の道徳性について公的に判断を下すことである。戦前の「修身」の評価欄は学籍簿及び通信簿とも最上段にあった。健康増進法によって「体」が国家

『小学道徳6年』「家族の幸せのために　志を得ざればこの地を踏まず」（教育出版）

「おっかあ、今帰ったぞ。」

「よう帰ってきてくれた。ありがとう、ありがとう。」

だきしめた母の体は思っていた以上に小さく感じた。

「世界の野口」といわれても、母一人すら幸せにできていないのではないかと思うと、悲しくなった。

英世はシカとともに、実家の近くにある観音様へ向かった。帰国の報告として、母が自分のためにお参りを続けてくれたこの観音様に、まずお参りしたかったのだった。

「ところで、おっかあ、いつから字が書けるようになったんだ。」

英世は、あの手紙を、字の勉強などしたことのない母がどうやって書くことができたのか、不思議でならなかった。

「ああ、おまえがアメリカでずいぶんがんばっていると聞いたから、わしも何かがんばろうと思ってなあ。仕事の合間をみていろりの灰《はい》に字を書いて練習したんだ。おかげでおまえに手紙も書けたし、産ばの資格も取れたんだぞ。」

英世は、母の強さとたくましさを感じた。そして、そんな母が自分を支えてくれたおかげで今の自分があることに改めて感謝した。

このあと、英世は日本中で講演会をおこなう旅に、母をいっしょに連れていった。それは最初で最後の親孝《こう》行だった。旅も終わりに近づいた日、英世は思わずつぶやいた。

「このまま日本にいることを考えたほうがいいだろうか。」

すると、シカは英世にきっぱりといった。

「何をいう。おまえは、アメリカへ帰りなさい。おまえの研究を待っている人がいるだろう。さあ、早く帰りなさい。」

の管理下に入ったように「心」が国家に取り込まれようとしている。

文部省唱歌を強制する音楽科共通教材

戦前は、唱歌（音楽）が修身（道徳）の手段であった。同様の事が現在も進行している。

音楽科についても、ほぼ同じ道を辿りつつある。戦前、教科名は音楽ではなく唱歌、即ち「となえうた」であり、修身の手段であった。修身で習ったことを国語で繰り返したどり、さらに唱歌で歌った。たとえば二宮金次郎、広瀬中佐などなど。

現在、学習指導要領は各学校で教育課程を編成する大綱的基準であり、具体的な教材までは示していない。しかし音楽科には共通教材なるものがある。小学校では各学年4曲を必修教材として示している。そのほとんどが、文明開化は行き過ぎで仁義徳育が重要という明治天皇の教学聖旨を経て教育勅語が発布され、天皇制教育が確立した時期である１９１１（明治44）～１４（大正２）年に文部省が編集刊行した「尋常小学唱歌」に載った、いわゆる文部省唱歌である（唱歌の国定教科書は他教科より遅れて、これが最初であった）。

共通教材について学習指導要領解説は「我が国の伝統や文化、自然や四季の美しさや、夢や希望をもって生きることの大切さなどを含んでおり、道徳的心情の育成に資するものである」とし、また道徳との関連については「音楽科で扱った内容や教材の中で適切なものを、道徳科に活用することが効果的である場合もあり、道徳科で取り上げたことに関係のある内容や教材を音楽科で扱い、道徳科における指導の成果を活かすよう工夫することも考えられる。そのためにも、音楽科の年間指導計画の作成などに際して、道徳教育の全体計画との関連、指導の内容及び直答に配慮し、両者が相互に効果を高めるようにすることが大切である」と、全く戦前と同じ道である。

共通教材は１９５８年、指導要領が官報に告示され拘束力を持つとされて以来、歌詞が問題になったり、時代に合わなくなったりして若干の変更はあったが、１９８９年以来、一貫して次のとおりである。

下段の数字は、初めて国定教科書（戦後は検定教科書）に載った年で、作られた年とは限らない。採用の意図を読み取らなければならない。

例えば「まきばの朝」「スキーの歌」が載った１９３２年は、１月に日本軍が上海で中国軍と交戦を開始、３月には満州国建国を宣言した。

小学校教科書は、第4期色刷りの「サクラ読本」になる。軍需品として軍馬・皮革も必用だし、国民の体位向上のためにも牧畜が奨励される。

スキーは１９１１年に日本軍が新潟県高田でオーストリアのレヒル少尉に教わったことに始まった。「国の守り」の強調が感じられる。国民学校発足の１９４１年には、「うみ」が軍の要請で作られるとともに「うさぎ」や「さくらさくら」などの日本古謡が入る。

１９７７年は指導要領が、制定前であるにもかかわらず「君が代」を「国歌」扱いにした。

１９８９年には日本の教育が大きく右旋回し、「国旗・国歌」の扱いも「望ましい」から「指導するものとする」と強化された。社会科では日清・日露戦争の評価に伴い、一旦消えていた「われは海の子」が復活した。

共通教材一覧

第1学年

うみ	（文部省唱歌）	１９４１
かたつむり	（文部省唱歌）	１９１１

日のまる	（文部省唱歌）	1911
ひらいたひらいた	（わらべうた）	1977

第2学年

かくれんぼ	（文部省唱歌）	1941
春がきた	（文部省唱歌）	1911
虫のこえ	（文部省唱歌）	1911
夕やけ小やけ	（中村雨紅詩　草川信曲）	1941

第3学年

うさぎ	（日本古謡）	1941
茶つみ	（文部省唱歌）	1912
春の小川	（文部省唱歌）	1912
ふじ山	（文部省唱歌）	1911

第4学年

さくらさくら	（日本古謡）	1941
とんび	（葛原しげる詩　柴田貞曲）	1977
まきばの朝	（文部省唱歌）	1932
もみじ	（文部省唱歌）	1911

第5学年

こいのぼり　（文部省唱歌）　１９１３
子もり歌　（日本古謡）　１９７７
スキーの歌　（文部省唱歌）　１９３２
冬げしき　（文部省唱歌）　１９１１

第６学年

越天楽～歌詞は二節まで　（日本古謡）　１９８９
おぼろ月夜　（文部省唱歌）　１９１４
ふるさと　（文部省唱歌）　１９１４
われは海の子～歌詞は三番まで　（文部省唱歌）　１９１４

われは海の子

一、われは海の子、白波の
　さわぐいそべの松原に、
　煙たなびくとまやこそ、
　我がなつかしき住家なれ。

二、生まれてしほに浴して
浪を子守の歌と聞き、
千里寄せくる海の氣を、
吸ひてわらべとなりにけり。

三、高く鼻つくいその香に、
不斷の花のかをりあり。
なぎさの松に吹く風を、
いみじき樂と我は聞く。

四、丈餘のろ・かい操りて、
行手定めぬ浪まくら、
百尋・千尋海の底、
遊びなれたる庭廣し。

五、幾年ここにきたへたる、
鐵より堅きかひなあり。
吹く潮風に黑みたる
はだは赤銅さながらに。

六、浪にただよふ氷山も、
来らば来れ、恐れんや。
海まき上ぐるたつまきも、
起らば起れ、驚かじ。

七、いで、大船を乗出して、
我は拾はん、海の富。
いで、軍艦に乗組みて、
我は護らん、海の國。

一九一〇年（明43）尋常小学読本唱歌　文部省

［参考資料］

※『国民学校初等科修身2』

君が代は
　　ちよにやちよに
　　　さざれ石の
いはほとなりて
　　こけのむすまで

この歌は、「天皇陛下のお治めになる御代は、千年も萬年もつづいて、おさかえになりますように」という意味で、国民が、心からおいはひ申しあげる歌であります。

※小学校学習指導要領解説　音楽編

(3) 国歌「君が代」は、いずれの学年においても歌えるよう指導すること。

児童が、将来国際社会において尊敬され、信頼される日本人として成長するためには、国歌を尊重する態度を養うようにすることが大切である。

小学校音楽科においては、国歌「君が代」は、いずれの学年においても歌えるよう指導すること」とし、国歌「君が代」の指導の趣旨を明確化した。

音楽科としては、このような意味から、国歌「君が代」をいずれの学年においても指導し、入学式や卒業式等必要なときには、児童がいつでも歌えるようにしておかなければならない。そのためには、表現学習の目標や内容と関連させ、児童の発達の段階に即していずれの学年においても適切な指導を行うような指導計画を作成する必要がある。

指導に当たっては、低学年では上級生が歌うのを聴いたり、楽器の演奏やＣＤ等による演奏を聴いたりしながら親しみをもつようにし、みんなと一緒に歌えるようにすること、中学年では歌詞や楽譜を見て覚えて歌えるようにすること、高学年では国歌の大切さを理解するとともに、歌詞や旋律を正しく歌えるようにすることが大切である。

国歌の指導に当たっては、国歌「君が代」は、日本国憲法の下において、日本国民の総意に基づき天皇を日本国及び日本国民統合の象徴とする我が国の末永い繁栄と平和を祈念した歌であることを理解できるようにする必要がある。

見のがせない間接的な戦争画

戦争画について、もう一つ付け加えておきたい。

私はさきに長々と軍国少女への過程を書いたが、今日ほぼ同様な道筋が完成しているというべきであろう。平和を願う眼で見るからこそ「反戦画」にみえる藤田嗣治の「アッツ島玉砕」を見て、かつての私たちのように仇を討たなければと奮い立つ少年少女があらわれないとも限らない。今こそ戦争画制作の意図とともに当時の人々に与えた影響を検証しておかなければならない。

朝日や富士などを描いて国民の愛国心を煽動する間接的な戦争画についてふれなければならない。それは日本画家の得意とする所であった。その代表的な存在が横山大観*である。

横山大観は戦前から国策に沿っていた。1935、1936年の帝展改組の舞台裏の大立者である。皇紀2600年にあたる1940年に「海に因む十題」を発表し、その売り上げで陸海軍省にそれぞれ2機の飛行機を献納している。それぞれの飛行機は「大観号」と名付けられた。1941年には、藤田の「戦争画制作の要点——1944年9月」（巻末資料7）に匹敵する、画壇の国家統制・指導の強化を力説した意見書「日本美術新体制の提案」を書いている。このような

*横山大観
1868～1958
東京美術学校第1期生、岡倉天心、橋本雅邦らに学ぶ。

殉国の美挙により1943年には「日本美術報国会」の会長に推されている。

大観の描いた「間接的戦争画」といわれ、作品の中に登場する「朝日・富士・桜」などはしばしば国威の象徴として使われ、軍歌にもよく登場した。写実的な「戦争画」よりはるかに国民の神国観念醸成には効果があった。

にもかかわらず、戦後にあっても藤田のように糾弾されることもなく、画壇における地位も揺るがず描き続けた。最近（2018年6・7月）も大回顧展が東京国立近代美術館に続いて京都でも開かれ、大変な盛況であったという。

戦前は続いているのである。江田島海上自衛隊第一術科学校（旧・海軍兵学校跡）には1942年に描かれた「生気放光」が所蔵されている。皇居三の丸尚蔵館は、紀元2600年奉祝記念展に出品した「日出処日本」（ひいづるところにほん）や「耀」（大八洲）など多数を所蔵・展示している。

戦前は続いている。大観に限らず日本画家たちの間接的戦争画は、2018年度から教科化された道徳の徳目、愛国心や畏怖の念などと相まって子どもたちをあおることであろう。

かつて私自身、大観の「日出処日本」を観て背筋を糺《ただ》し、愛国を誓った覚えがある。関連して川端龍子を思い出す。彼の「花摘雲」によって私の大陸への憧憬は窮まったのである。

川端龍子＊は初め洋画を学んだが渡米して日本の古美術に触れて日本画に転向し、院展を辞して青龍社を興し、同郷の佐藤春夫＊に近代日本美術史上の巨匠と言われた。戦中、非常時意識に呼応して国や軍による企画とは別に「太平洋連作」「大陸策連作」「国に寄する連作」「南方篇連作」などを手がけ、日本画による戦争画の制作をリードした。彼はいずれの作品にも自筆の短い解説を添えており、野草の花の咲き乱れる大地と空に天女を思わせる白い雲がなびく「花摘雲」には、「連作『大陸』の最終篇なのでエピローグ的に構成したのです。制作当時の日本の大陸経営の理想は『五族協和・王道楽土』の出現にあったのでその理想郷を象徴したわけである」とある。私が唆かされた所以でもある。敗戦直後、美術界の戦犯とも言われたことがあったがすぐ沙汰やみになり、今も連作物を含め多くの作品が入れ替わり立ち替わり東京・大田区立龍子美術館で公開されている。

再び繰り返させないために

「花摘雲」大田区立龍子記念館絵はがきより

日中戦争に続く第2次世界大戦は国民に塗炭の苦しみを強いた。表現活動は言うに及ばず日常の交流さえも大きく制限されていく。

独立美術協会にかかわる画家たちは前衛動向の作品を発表し続けるが、福沢一郎、滝口修造は１９４１年シュールレアリズム事件で検挙される。それでもなお松本竣介や靉光、麻生三郎、井上長三郎、鶴岡政男らは１９４３年に新人画会を結成し、展覧会を開催し、自由の意思を表明し続けた。しかし、１９４４年には美術展覧会取締要綱が発表され、すべての公募展が中止されるにいたる。

このような情勢の中で、画家たちが皆、抑圧を受ける側にいたわけではない。さまざまな形で戦争にかかわっている。藤田嗣治を筆頭に、従軍画家として記録画（戦争画）を制作した人もいれば、自己の流儀で時代精神の高揚に努めた人もいる。これらの戦意高揚作品に影響を受けて戦争をした者として、その戦争責任を見過ごすわけにはいかない。とくに作戦記録画とそれに付随する戦争画がいまなお封印され続けていることに私は焦燥感を持ち続けている。

一方、現代美術を推進する動きの中には戦争画の存在は無視されて

川端龍子「爆弾散華」
大田区立龍子記念館絵はがきより

いるようである。それは戦争画が記録的な意味を持ち、写実的であるため、芸術以前の物として軽視されてのことであろうか。

２０００年９～11月に東京都現代美術館で行われた「日本美術の20世紀～美術が語るこの１００年」展では、「Ⅳ第２次世界大戦前後―抑圧と開放」に以下の作品が展示された。

三岸好太郎の「海と射光」―１９３４
靉光の「静物（雉）」―１９４１
松本竣介の「大崎鉄橋Ｂ」―１９４１

国策にとらわれない同時代の作品に続いて、（戦争画の範疇に入るものは）

横山大観の「南溟の夜」―１９４４
川端龍子の「海洋を制するもの」―１９３６
宮本三郎の「落下傘部隊の活躍」―１９４３
中村研一の「第一次大戦青島攻撃図」―１９４５
田村孝之介「空母」―１９４３

の５点にとどめられた。

戦後に一転して、戦争の意味を問うような次の作品へ続く。

＊川端龍子
１８８５～１９６６
和歌山県生まれ。日本画家、俳人。

＊佐藤春夫
１８９２～１９６４
近代日本の詩人・作家。

北脇昇の「クオヴァディス」―1949
鶴岡政男の「重い手」―1949
香月泰男の「昼」―1949
浜田知明の「初年兵哀歌」―1952

この展覧会には計279の作品が展示されたが、戦争画という範疇に入るものはここに挙げた5点のみであった。この中には、藤田嗣治の作品はおろか名前すら見当たらない。この展覧会で、藤田の作品は、「Ⅲ新思潮と日本―昭和前期」のなかに「二人の裸婦」―1930があるのみである。

この美術展の20世紀の総括を全否定するつもりはない。だが、「Ⅳ第2次世界大戦前後―抑圧と開放」の時代は、抑圧の中で大衆が戦争画を通して美術に関心を持つようになったことと、それによって戦意高揚に導かれていったことは、芸術の領域をはみ出すことであったとしても無視してはならない。

ちなみに、『美術の窓』1989年2、3月号は「昭和の画家と彫刻家たち」「昭和の美術の十大事件」を特集している。

①1930年協会と独立美術
②フジタ帰国と九宝会

③松田改組
④福沢一郎と美術文化協会
⑤戦争画
⑥サロン・ド・メと日本アンデパンダン
⑦創造美術と青龍社
⑧戦後美術の海外進出
⑨松方コレクションの寄贈返還
⑩経済成長による投資ブームと地方美術館
10項目の中で戦争画を位置づけている。

戦場体験をもとに描いた作品—戦後の戦争画

「日本の美術の20世紀」展にも取り上げられているように、戦争画批判が続く一方、戦時中の作品とは違う戦争画が現れてきた。戦争画といわれる「作戦記録画」を描いた画家たちは弾丸の飛んでこないところで、豊かな資料と画材を与えられて描いたのに対し、絵筆を置いて兵士として戦場に赴き命を落とした画家がいるなか、無事戻ってきた人たちが戦場体験をもとに描いた作品群である。

川端龍子「海洋を制するもの」
大田区立龍子記念館絵はがきより

香月泰男のシベリア抑留体験をテーマにした「シベリア・シリーズ」（１９４８〜）
浜田知明の過酷な兵営生活を描いた「初年兵哀歌シリーズ」（１９５０〜）
中国で転戦中に捕虜になった古沢岩美の戦場情景をモチーフにした「飛べない天使（さぎ）」（１９４８）
それに丸木位里・俊の共同制作「原爆の図」（１９５０〜）

などである。いずれも戦争の不条理、残酷さ、悲惨さを遺憾なく表して人々に深い感銘を与えている。

これらの作品について美術評論家の田中日佐夫氏は、「太平洋戦争中の広い意味における犠牲者に対する『鎮魂』の表現で、鎮魂の対象である『敵』『加害者』が描かれていないことで『戦争画』扱いすることに疑問」（朝日美術館テーマ編１戦争と絵画、１９９６）を呈されている。

だが、兵士の悲哀や被害者の怒りを描くことは「敵」の「加害」を告発しているのではないだろうか。当然「戦争画」と位置付けるべきだと思う。「作戦記録画」と併せて、ぜひ多くの人に戦争の実態として見てもらいたい。

東京国立近代美術館は、戦争画１５３点の公開を！

「戦争画」「戦争画家」「戦争責任」については、8・15が来るたびに、戦後○周年というたびに、あるいは世紀をまとめて、あるいは天皇代替わりに鑑《かんが》みて、戦争画の全面公開が求められてきた。戦争画は敗戦時、焼却・破壊されたり、巡回途中で行方不明になったりして、残されたものは多くはないが、確実に東京国立近代美術館には１５３点がある。そこでは常設展などに交じって時々亡霊の如く「哈爾哈河畔之戦闘《はるはかはんのせんとう》」や「血戦ガダルカナル」が現れたりはするものの、本格的に戦争画を考えようという意図は認められない。

日本の戦後美術は戦争に果たした画壇に対する批判を真摯に受け止めるところから出発すべきであったが、藤田をフランスに逃亡させ、美術館が隠蔽し続けることで曖昧なまま出発し、今もその路線上にある。

いま、わたしたちには様々な形で戦争の危機が迫っている。人々は政権にマインドコントロールされつつある。今やかつてのように美術がその一端を担いかねない状況にある。東京国立近代美術館は一日も早く戦争画１５３点を一般公開して論議を進めなければならない。戦争画に唆され国のためと奮い立った私たちが生きているうちに。

■参考にした主な資料

『朝日美術館』「戦争と美術」朝日新聞社　１９９６月号
『別冊太陽』「戦争と絵画」平凡社　２０１４月号
『美術手帖』「戦争と美術」１９７7年9月号
『美術手帖』「絵描きと戦争」２０１5年9月号
『美術の窓』「昭和美術の十大事件」１９８9年2月号
『現代思想』「戦争とメディア」２００2年9月
『日本美術の20世紀　美術が語るこの１００年』東京都現代美術館
『日本の戦争画　その系譜と特質』田中日佐夫著　ぺりかん社
『近代日本の美術1、イメージの中の戦争』丹野安典・河田明久著　岩波書店
『評伝　藤田嗣治』田中穣著　芸術新聞社
『藤田嗣治「異邦人」の生涯』近藤史人著　講談社　２００2年
『藤田嗣治の作品をひらく』林洋子　名古屋大学出版　２００8年

あとがき――

戦争の姿を知り伝えなければと長年、シリーズ教科書に書かれなかった戦争を出し続けている梨の木舎主羽田ゆみ子さんに励まされ、せかされ続けてようやく出版にこぎつけた。

今日のこのぶざまさは、戦後70余年、いろいろ試みはあったものの結局、だれの戦争責任もきちんと問うことなく過ごしてきたことにあると思う。

私が先を越されたような思いで、「画家の戦争責任も問わなければ……」と言ったのは、このシリーズのＰＡＲＴ16として『山田耕筰さん、あなたたちに戦争責任はないのですか』（森脇佐喜子著）が出た１９９４年だった。自分の体験から、画家の戦争責任こそ厳しく問われるべきだと思っていたので思わず出た提起であったけれど、羽田さんは快く引き受け企画に載せてくれた。早速とりかかったのだけれど、作家の意向や版権の問題などさまざまな問題がややこしく、戦争画と言われる作品そのものを中心に据えて論議することが難しいことに気がついて頓挫し、以前から取り組んでいた教育問題に集中し疎かになった。

もちろん私を唆した戦争画の責任を忘れることはひと時もなかったし、折々にも発言はしてきた。毎年８月になると年中行事のように平和を考える催しがあり、戦争画が取り上げられることもあった。しかし時代とともに、日本の美術史・昭和の美術史の中で、ほんの一時の汚点のように扱われたり、戦争画の第一人者であった藤田嗣治についてさえも、同様な評価が行われたりしてくると、絵に煽られて戦場に向かい命を失った人がいるというのにと、許せない思いが募るのであった。

そんな折も折、梨の木舎から「梨の木舎転居とCAFÉ併設のご挨拶」が届いた。２０１６年10月のことである。そこで眠っていた企画は覚醒した。

以来羽田さんに励まされながら、どうにかここまで来た。たくさんの資料の確認はほとんどお任せしたので、チェックしながら多くのことを学ばれたようである。こう書くと、編集者としての羽田さんの協力があっての出版であることがよくわかるが、羽田さんと私の間には2回り近い年の差がある。――羽田１９４７年、北村１９２５年。

私より若者に近い羽田さんはしばしば私の文章を、若者向きに解説しようとする。私は半端な形の解説をするより、こちらの言葉に素直に浸ってもらいたいと思う。

タイトルも二転三転した。我を通して売れそうもない表紙になったかもしれない。申し訳ない。最終稿にいたっての、「『撃ちてし止まむ』は解説が必要ではないか」には絶句した。当時の軍国少年少女は、心身がそうであったのだ。

この本には、私を軍国少女にした教育・情報と、なかでも重要な役割を果たした戦争画とその今日の在りようを述べ、再び同じ状況にあることを憂うる立場から、今日の教育状況にも触れた。

なかでも美術とともに、人の心を唆す音楽にも触れないわけにはいかなかった。

戦争中山田耕筰は、「音楽は軍需品なり」と言ったというが、それは当時の軍・政府の言葉でもあった。唱歌が修身の手段であったように、今は音楽が道徳の手段である。学習指導要領は、発達に応じて学ぶべきことをあげているが、それに適応する教材を選ぶのは、それぞれの教科書会社である。音楽科に限って、小学校各学年に必ず教えるべき教材4曲を共通教材として指定している。共通教材の多くは、日本に天皇制教育が完成した1910年代に作られた文部省唱歌である。

なぜ「うさぎ」や「春がきた」や、「ふじ山」「おぼろ月夜」「ふるさと」を歌わなければならないのか。そこに込められているのは、明治以来の愛国心の育成である。それに慣らされた被災地の人々が、おのれの言葉のように思いを込めて、「ふるさと」を歌われることがあるが、ほんとうに懐かしむべきふるさとがあったのだろうか。「我は海の子」のように分かりやすくはないが、隠されている意図を読み取ってほしいものである。

戦争画についても同様で、平和を願う目で「死闘」の場面をみて、「反戦画」だと言う人がいる。そうであれば、闘うべきという立場に立った時、「戦意高揚画」になってしまうのではないか。

北村小夜

２０１９年8月15日

資料

資料1

藤田嗣治「アッツ島玉砕」1943（昭和 18）年　油彩、カンヴァス　193.5 × 259.5cm
東京国立近代美術館蔵　（無期限貸与作品）陸軍作戦記録画／

資料 2
藤田嗣治「薫空挺隊敵陣に強行着陸奮戦す」1945（昭和 20）年
東京国立近代美術館蔵（無期限貸与作品）

資料3 東京国立近代美術館所蔵の戦争記録画一覧

（「同館所蔵目録」一九九二年版より）

（　）内の題名は仮題

■新井勝利　一八九五―一九七二
航空母艦上に於ける整備作業（三部作ノ内一）
昭和一八年
航空母艦上に於ける整備作業（三部作ノ内二）
昭和一八年頃
航空母艦上に於ける整備作業（三部作ノ内三）
昭和一八年頃
■茨木衫風
潜水艦の出撃
昭和一七年
■岩田専太郎
小休止
昭和一九年
特攻隊内地基地を推発す（二）
昭和二〇年
■江崎孝坪
グアム島占領
昭和一六年
■加藤栄三
設営隊の活躍
昭和一八年
■川端龍子
洛陽攻略（大同石仏）
昭和一九年
輸送船団海南島出発
昭和一九年頃
■小堀安雄
イサベル島沖海戦
昭和一六七年
■橋本関雪
十二月八日の黄浦江上
昭和一八年
■福田豊四郎
英領ボルネオを衝く
昭和一七年
スンゲバタニに於ける軍通信隊の活躍
昭和一九年
■三輪晁勢
キャビテ軍港攻撃
昭和一七年

ツラギ夜襲戦
昭和一八年頃
■矢沢弦月
攻略直後のシンガポール軍港
昭和一七年頃
■山口華楊
基地に於ける整備作業
昭和一八年
■山口蓮春
香港島最後の総攻撃
昭和一七年
■吉岡堅二
マレーの敵軍航空基地爆撃
昭和一六年
カリジャティ西方の爆撃
昭和一七年
高千穂降下部隊レイテ敵飛行場を攻撃す
昭和二〇年
■有岡一郎
ジャワ沖海戦
昭和一七頃
■石井柏亭
軍艦出雲
昭和一五年
西部蘇満国境警備
昭和一九年
■石川滋彦
バタビヤ沖海戦
昭和一七年
■石川寅治
鎮江攻略
昭和一五年頃
渡洋爆撃
昭和一六年
南太平洋海戦
昭和一九年
■伊勢正義
九竜城門貯水池二五五高地の奮戦
昭和一九年
■伊藤悌三
ニューギニア密林地帯を征く陸軍輸送部隊
昭和一九年
玉城挺身斬込五勇士奮戦
昭和一九年
■井上　幸
揚子江三角地帯春期進攻作戦

昭和一六年
■猪熊弦一郎
○○方面鉄道建設
昭和一九年
■伊原宇三郎
香港に於ける酒井司令官、ヤング総督の会見
昭和一八／一九年
バーモウビルマ国家代表像
昭和一八年
島田戦車部隊スリムの敵陣突破
昭和一九年
特攻隊内基地を進発す（一）
昭和一九年
■大久保作次郎
船団護送
昭和一八年
■太田喜二郎
（陸軍記念日に）
昭和二〇年
■小川原　脩
アッツ島爆撃
昭和一七年
成都爆撃

昭和二〇年
■奥瀬英三
スラバヤ沖海戦
昭和一七年
■加納莞雷
（山西省灌関付近の追撃戦）
昭和一三年
■鹿子木孟郎
南京入城
昭和一五年
■川島理一郎
新生比島誕生
昭和一九年
■川端　実
ボルネオ作戦
昭和一七年
出動する船舶兵
昭和一九年
■北　蓮蔵
提督の最期
昭和一八年
■鬼頭鍋三郎
幸部隊小休止

昭和一八年
前線における畑、岡村両最高指揮官
昭和二〇年

■熊岡美彦
珠江口掃海
昭和一五年
虎門要塞攻撃
昭和一五年

■栗原　信
湘江補給船に於ける青紅幇の協力
昭和一七年
怒江作戦
昭和一九年
ジョホール渡過を指揮する山下軍司令官（ジョホール王宮）
昭和一九年

■栗原忠二
博愛
昭和一〇年頃
在留邦人保護
昭和一〇年頃

■小磯良平
娘子関を征く
昭和一六年
カリジャティ会見図
昭和一七年
ビルマ独立式典図
昭和一九年
日緬条約調印図
昭和一九年
（マレー前線における偵察隊の活躍）
昭和一九年

■髙野三三男
衡陽占領
昭和二〇年

■小早川篤四郎
我が駆逐艦敵重巡ヒューストンを襲撃
昭和一七年
印度洋作戦
昭和一八年
海軍部隊セレクター軍港へ進入
昭和一九年

■佐藤　敬
クラークフィールド攻撃
昭和一七年頃
ニューギニア戦線—密林の死闘

昭和一八年頃
■三田　康
レンネル島沖海戦
昭和一八年
■清水登之
汪主席と中国参戦
昭和一九年
工兵隊架橋作業
昭和一九年頃
■清水良雄　1891—1954
陸軍南星橋碼頭に於ける鹵獲品陸揚
昭和一六年
ルンガ沖夜戦
昭和一八年
■白石隆一
（騎兵隊と戦車隊の協同作戦）
昭和一九年
■鈴木　誠
皇土防衛の軍民防空陣
昭和二〇年
■鈴木良三
患者護送と救護班の苦心
昭和一八年
衛生隊の活躍とビルマ人の好意
昭和一九年
■瀬野覚蔵
（突撃）
昭和一二年
■高沢圭一
桂林攻略
昭和二〇年
■高田正二郎
ビルマ進攻作戦開始
昭和一九年
■高畠達四郎
東部印度チンスキヤ飛行場爆撃
昭和一九年
■田上隼雄
古賀提督像
昭和一九年
■田中佐一郎
拉孟守備隊の死守
昭和一九年頃
バツアナムの爆薬集積
昭和一九年頃
■田辺　至

上海崇徳女子小学校の戦闘
昭和一五年
南京空襲
昭和一五年
■田村孝之介
佐野部隊長還らざる大野挺身隊と訣別す
昭和一九年
ベラク河口の水上機動
昭和一九年
アロルスター橋突破
昭和一九年
■辻村八五郎
（中支における暁の騎兵隊）
昭和一九年
■鶴田吾郎
神兵パレンバンに降下す
昭和一七年頃
（志願兵に別れを告げる台湾人）
昭和一九年
スタンレー山脈の高砂族輸送隊
昭和一九年
ラバウル鉄壁の守備
昭和一九年頃

■寺田竹雄
硫黄島
昭和二〇年
■長坂春雄
呉淞敵前上陸
昭和一四年
■中村研一
南支某基地
昭和一六年
柳州爆撃
昭和一六年
マレー沖海戦
昭和一七年
珊瑚海海戦
昭和一八年
タサファロング
昭和一九年
コタ・バル　B
昭和一九年
プリンス・オブ・ウェルズの轟沈
昭和一九年
北九州上空野辺軍曹機の体当たりB29二機を撃墜す

昭和二〇年
■中山　巍
神兵奮戦之図（落下傘部隊パレンバン製油所攻撃）
昭和一七年
ジョホール水道渡過
昭和一九年
ペリリュー島守備隊の死闘
昭和二〇年
■硲　伊之助
臨安攻略
昭和一六年頃
■橋本八百二
サイパン島大津部隊の奮戦
昭和一九年頃
■福沢一郎
船舶兵基地出発
昭和二〇年
■藤岡俊一郎
出発前
昭和一九年
■藤田嗣治
南昌飛行場焼打
昭和一三／一四年
武漢進撃
昭和一三／一五年
哈爾哈河畔之戦闘
昭和一六年
十二月八日の真珠湾
昭和一七年
シンガポール最後の日（ブキ・テマ高地）
昭和一七年
アッツ島玉砕
昭和一八年
ソロモン海域に於ける米兵の末路
昭和一八年
○○部隊の死闘——ニューギニア戦線
昭和一八年
血戦ガダルカナル
昭和一九年
神兵の救出到る
昭和一九年
ブキテマの夜戦
昭和一九年
大柿部隊の奮戦
昭和一九年
薫空挺隊敵陣に強行着陸奮戦す

昭和二〇年
サイパン島同胞臣節を全うす
昭和二〇年
■藤本東一良
潜水艦の米空母雷撃
昭和一七年
駆潜艇の活躍
昭和一八年
■松坂　康
ウエーキ島攻略線（その１）
昭和一七年
ウエーキ島攻略線（その２）
昭和一七年
■松見吉彦
十二月八日の租界進駐
昭和一七年頃
■三国　久
バリ島沖海戦
昭和一七年
■御厨純一
ニューギニア沖東方敵機機動部隊強襲
昭和一七年
■南　政善
無錫追撃戦
昭和一三年
■宮本三郎
南苑攻撃
昭和一六年
山下、パーシバル両司令官会見図
昭和一七年
香港ニコルソン附近の激戦
昭和一七年
海軍落下傘部隊メナド奇襲
昭和一八年
本間、ウエンライト会見図
昭和一九年
シンガポール陥落
昭和一九年
萬朶隊比島沖に奮戦す
昭和二〇年
■向井潤吉
四月九日の記録（バタアン半島総攻撃）
昭和一七年
マユ山壁を衝く
昭和一九年
（殲滅戦）

昭和一九年頃
水上部隊ミートキイナの奮戦
昭和二〇年頃
■山田新一
仁川俘虜収容所に於ける英豪兵の作業
昭和一八年頃
天津南海大学附近払暁野砲戦闘図
昭和一九年頃
■和田三造
陸軍幕僚長に対する戦況報告の図
昭和一八年

■作者不詳
学徒出陣
■木村　信
小湛山堡塁正面図
大正四年
小湛山堡塁背面図
大正四年

計一五三点

資料4

太平洋戦争名画展　1968年7月26日〜8月7日　大丸東京店

画題・作者名・サイズ・種類・制作年・所有

野戦の春　高田正二郎　一六〇×一二八　油彩　昭和19年

1　呉淞鉄道桟橋附近の戦闘　鬼頭鍋三郎　一八六・五×二四七　油彩　昭和18年　名古屋護国神社所有

2　進　撃　清水登之　一三二×一六二　油彩　昭和18年

3　トーチカ攻撃　関谷　陽　九〇・五×一一七　油彩　昭和20年

4　南京入場　鹿子木孟郎　四二×一〇二　油下絵　昭和14年　松風嘉定氏所有

5　徐州における岡村将軍と幕僚達　那須良輔　七四・五×一〇七　油彩　昭和15年　岡村家所有

6　赤田張夜営　田中佐一郎　一九二×二五八　油彩　昭和14年　福富太郎氏所有

7　鉄路員の活躍　鈴木良三　一〇九×一九八・五　油彩　昭和16年

8　重爆　藤田嗣治　九一×六一　油彩　昭和16年　防衛庁研修所戦史室所有

9　ノモンハン肉弾戦　藤田嗣治　一七×二七・五　水彩　昭和15年　福富太郎氏所有

10　北海湾附近の敵前上陸　小早川篤四郎　九七×一三〇　油彩　昭和15年　靖国神社所有

11　砲兵の図　江崎孝坪　二一七×一九四　水彩　昭和15年　靖国神社所有

12　山西省の糧秣部隊　等々力已吾　一二〇×四六　油彩　昭和17年　靖国神社所有

13　無言の凱旋　寺内万次郎　六五五×五〇　油彩　昭和12年　靖国神社所有

14　真珠湾攻撃　藤田嗣治　昭和16年　アメリカ（撮影・中川市郎）

15　主力艦隊航行図　松添　健　五〇×六一　油彩　昭和17年　三笠保存会所有

16A　虹と艦爆　新井勝利　六一×九四　日本画　昭和17年

16B　発艦用意よし　新井勝利　昭和17年　アメリカ（撮影・中川市郎）

17　霧の上の空中戦　藤田嗣治　一〇〇×八〇・五　油彩　昭和15年　難波鹿之助氏所有

18A　ウェーキ島戦跡（A・B・C）　松坂　康　四〇五×二九　淡デッサン　昭和17年

18B　グアム島占領　江崎孝坪　昭和17年　アメリカ（撮影・中川市郎）

19　肉迫　藤田嗣治　三〇×三九・五　油彩　昭和17年　角田武美氏所有

20　香港ニコルソン附近の激闘　宮本三郎　昭和17年　アメリカ（撮影・中川市郎）

21　香港総督ヤング　伊原宇三郎　四〇・五×二九　スケッチ　昭和18年

22A　香港英陸軍長官代将モルトビ　伊原宇三郎　四〇・五×二九　スケッチ　昭和18年

22B　香港における酒井司令官・ヤング総督と会見　昭和18年　アメリカ（撮影・中川市郎）

23　マレー沖海戦　福沢一郎　六〇・五×九一　油彩　昭和17年　福富太郎氏所有

24　マレー沖海戦　中村研一　昭和17年　アメリカ（撮影・中川市郎）

25　艟影　北　蓮蔵　五〇×六〇・五　油彩　昭和15年　三笠保有会所有

26　シンガポール最後の日（ブキテマ高地）　栗原　信　三八×二七　油彩　昭和17年　福富太郎氏所有

27　業火　小早川秋声　八八×一〇七・五　日本画　昭和18年

28　シンガポール攻略戦　寺田竹雄　一四三×一四〇・五　油彩　昭和19年

29　山下・パーシバル会談　宮本三郎　昭和17年　アメリカ（撮影・中川市郎）

30　クラークフィールド戦跡　猪熊弦一郎　六〇×七二・五　油彩　昭和17年　角田式美氏

所有

31　キャビテ軍港攻撃　三輪晁勢　昭和17年　アメリカ（撮影・中川市郎）

32　加藤建夫中佐肖像図　橋本八百二　六五×五三・五　油彩　昭和17年　加瀬田鶴氏所有

33　コレヒドール戦跡　猪熊弦一郎　六五・五×八一　油彩　昭和17年　角田式美氏所有

34　神兵パレンバンに降下す　鶴田吾郎　昭和17年　アメリカ（撮影・中川市郎）

35　通信隊の活躍（ボルネオ）　福田豊四郎　昭和17年　アメリカ（撮影・中川市郎）

36　ジャワ・カリヂャチ西方の爆撃　吉岡堅二　昭和17年　アメリカ（撮影・中川市郎）

37　市場風景（メナド）　高橋　亮　一三〇×一六一・五　油彩　昭和17年

38　スラバヤ沖海戦　奥瀬英三　昭和17年　アメリカ（撮影・中川市郎）

39　南十字星下の護送船団　川端龍子　昭和17年　アメリカ（撮影・中川市郎）

40　ビルマ戦線敵前上陸　田中佐一郎　一三〇×一六二　油彩　昭和17年　福富太郎氏所有

41　日本軍将兵とビルマ人母子　猪熊弦一郎　四一×三一・五　油彩　昭和17年　某家所有

42　ラバウル基地風景　三田　康　四一×五三・五　油彩　昭和17年

43　少年航空兵　林　唯一　四五・五×三九　昭和18年

44　ラバウル陸戦隊兵士　三田　康　六二・五×四〇　油彩　昭和18年

45　出陣の前　小早川秋声　一六五×九八　日本画　昭和18年

46　ミッドウェイ沖海戦（山口多門提督の最期）　北　蓮蔵　昭和18年　アメリカ（撮影・中川市郎）

48　山本五十六元帥像　安田靫彦　二四七・五×一二四・五　日本画　昭和19年　某家所有

49　分解搬送（ニューギニア）　沢田哲郎　一五二×一一〇　昭和17年

50　アラフラ海の水上基地　山口華楊　昭和18年　アメリカ（撮影・中川市郎）

52　佐野部隊長・大野挺身隊と訣別　田村孝之介　昭和18年　アメリカ（撮影・中川市郎）

53　ガダルカナルにおける陸海軍協同作戦図　中村研一　昭和18年　アメリカ(撮影・中川市郎)

54　特攻機米艦突入　倉田文人　一三一×一九八・五　日本画　昭和18年　靖国神社所有

56　アッツ島最後の攻撃　藤田嗣治　昭和18年　アメリカ（撮影・中川市郎）

57　サイパン島玉砕　藤田嗣治　昭和19年　アメリカ（撮影・中川市郎）

58　サイパン島洞窟における南雲部隊　小磯良平　二五五・五×一八七　油彩　昭和19年

59　天皇陛下靖国神社御親拝　北　蓮蔵　六三・五×八九　油彩　昭和15年　靖国神社所有

60　硫黄島　寺田竹雄　昭和20年　アメリカ（撮影・中川市郎）

62　空襲下の東京市民　鈴木　誠　昭和20年　アメリカ（撮影・中川市郎）

63　学徒出陣壮行の図・京都大学　須田国太郎　一二八×一六〇　油彩　昭和18年　京都大学所有

64　特別攻撃隊立川基地出発　岩田専太郎　昭和20年　アメリカ（撮影・中川市郎）

65　皇国婦女子皆働の図　女流画家奉公隊　一八五・五×三〇〇　油彩　昭和19年　靖国神社所有

66　婦人部隊教練　大和田富子　一六二・五×一三〇　油彩　昭和20年

特別出品作品

奉天入城　鹿子木孟郎　一三五・五×一〇・五　油下絵　大正13年　松風嘉定氏所有

小品の部

●ブロック1　中国関係スケッチ・その他

南京入城スケッチ・従軍僧北支中支南支スケッチ・中支旅行スケッチ

●ブロック2

緒戦関係スケッチ・その他

九軍神・空母飛行甲板スケッチ帳・アンコールワットと兵隊・福田豊四郎／南方スケッチ・航空機体スケッチ

●ブロック3

進攻・反攻戦関係スケッチ・その他

水上基地スケッチ・墜落したハリケーン他・比島野戦病院スケッチ・南太平洋従軍スケッチ帳・従軍日記・日章旗・高千穂部隊（写真）三田康／ラバウル航空兵―風景―其の他スケッチ・ラバウルスケッチ

●ブロック4

銃後関係スケッチ・その他

銃後スケッチ・昭和20年冬の東京・奉公隊の旗・国内基地と落下傘兵

資料5

戦争画制作の要点

『美術』（昭和十九年五月号）から［再録］

藤田嗣治

前線は勿論銃後一億国民が戦闘配置について、米英撃滅戦いよいよ愈々苛烈な決戦のこの秋に際し、美術界も亦奮然として未だ前例なき戦争展を開催し得た事は、実に大御稜威の御光の御賜と感謝する次第であり、更に我々はこの大戦争を記録画として後世に遺すべき使命と、国民総蹶起の戦争完遂の士気昂揚に、粉骨砕身の努力を以て御奉公しなければならぬ。

戦争画を描く第一の要件は、作家そのものに忠誠の精神が漲って居らなくてはならぬ。幕末当時の勤皇憂国の志士の気魄がなくてはならぬ。「美術」創刊号の遠山氏「美術家の覚悟」の中に、「戦争画さへ描いて居ればいゝといふ考えの下に描く人があったら、魂の入らざるは当然である、云々」は全く名言である。今日の情勢に於いては、戦争完遂以外には何物もない。我々は、少なく共国民が挙ってこの国難を排除して最後の勝利に邁進する時に、我々画家も、戦闘を念頭から去った平和時代の気持ちで作画する事も、又作品を見る人をして戦争を忘れしめる様な時期でもない。国民を鞭ち、国民を奮起させる絵画又は彫刻でなくてはならぬ。戦争は美術を停滞せしめるものとか戦争絵画は絵画を衰頽せしめると考へた人もあるけれども、却って其の反対に、この大東亜戦争は日本絵画史に於て見ざる一大革命を喚び起して、天平時代、奈良時代又は桃山時代を代表する様な昭和時代の一大絵画の様式を創造した。今日上野で開かれて居る戦争展は、実にそれを証明して余りあるものである。

戦争画と言えば、支那事変以前にどの作家も念頭に置いた事はなかった。又古来の戦争画に就いての研究もして居らなかった。突如として起こったこの戦争に即応すべく、美術家は世間の嘲弄、批評家の悪言を顧みず遂に今日の戦争画の一大出現をなし遂げた事は、日本としての誇りであり、恐らく現在の世界何れの国にも見得られない存在であろうと思ふ。

私の体験から、戦争画を志して居る若い諸君に戦争画の技術に就て今から率直に述べてみたい。夫は前記の精神が第一であり、次には戦争についての体験又は知識を豊かならしめる事が第二の要件である。戦争画の場面に於て、風土、時刻、距離、風速、温度、乾湿の度合、其の現場の特徴、更に其の戦争に参加した軍隊の作戦、服装、兵員等、総じて正確に如実に資料を集め、軍部又は技術者の指導を受けねばならぬ。況して今日航空技術の日を逐ふての変遷進歩等は、一々の研究を忽せにしたならば、真の空中戦は描き得ないのである。支那事変当時の戦争と今日大東亜戦争の苛烈なる段階の戦争とは、自ら其の趣を異にして、現下の戦争画は全く苛烈なる凄い相を描写し、又は皇軍が窮地に陥ったり或いは悪戦苦闘の状況をも絵画に写して、猶皇軍の神々しき姿を描き現わさねばならぬ。映画又は写真等について作画した作品は悉く失敗して居る。一瞬間の挙動には無理がある。絵画はより以上の自由さがあり便宜があるので、朝から晩迄の一日の戦闘を一幅の画に為す事も得、或いは三時間、或いは十五分の戦闘を纏め得る事が出来る。が故に絵画は、最も観る人をして其の場面を髣髴させ、或いは追想させ、或いは感激させる強味がある。こゝに注意すべきは戦争画は到底写生によってのみ出来る事でない。自分が画業を始めてから修業中に得た総ての技術を其処に集中して始めて出来るので、最も正確に写し得る技能とか技巧を先づ第一とし、更に動作等を自由に想像力を以て描きこなし得る画家に於いて、戦争画は実現し得る事である。写生して居られぬ様な神速な動作とか表情とかは、全く画描きの多年の錬磨又は熟練した技巧に俟つより外はないのである。結局今迄種々多方面に亘って勉強して居た画家は、最も戦争画に適すると言っていゝ訳である。

私は決して下描を作って居らぬ。小さい下描で大きく延ばした場合には、間の抜けた場面が思わぬ所に出来たりする。大作は直接画面に向かって描いて。た丶装具とかのクロッキーなどを用ゆるに過ぎない。先ず構想が第一である。描く物がはっきり決まって居なければならない。中途で迷ってもいけない。画面に直面した場合に、描く物が明白に判って居れば心配もない又迅速に其の画の完遂に邁進する事が出来る。具体的に私の戦争画を描く場合を説明して見れば、私は其の場面を空中から俯瞰した様に先ず考えて見る。軍隊の配置とか、或いは兵と兵との前後左右の距離とか言ったものを頭に描いて、足下の方から頭の方へ描き上げて居る。多くの画家は、顔の方から、又は頭の方から描き下して居るが、足下に不安な位置とか、距離の観念が悉く欠けて居る。頭の方の高低は、足の方の位置から自然に出た高低に、任せておく。兵隊の身体を掻いて居るつもりである。服装の中に入って居る筋肉まで描きたい。多くの戦争画に見る兵士は、服の皺とか装具にのみ気を奪われて、骨骼迄掻いて居るのは非常に乏しい。先ずキャンバスに下塗りを、而も三回も施して居る。主に茶褐色で十分乾燥させて、その期間も三カ月は掛ける。何の為かと言えば、記録画の耐久性を考えて、永久に不変な強靱さを獲得したいからである。数年を出でずして褪色したり消える様な戦争画では、後世に残し得ないからである。充分に下塗りが出来た場合、別に碁盤割もしない。大体の構想を決めて、細部の描写は各其日々の考えに任せて、先ず余り主要な点でない所から描き始める。最も主眼となるべき部分は、最も油の乗り切った時を見計らって、一気に描いて了ふ。最初から普通に描く、所謂調子だけで纏めて見る様な事はしない。第一日目から或る兵隊は描上げてしまふ。精密に完全に仕上げてしまふ。次の日更に二人三人の兵を併せて仕上げてしまふ。一尺四方とか三尺四方とかから完成して居る。私は画から離れて画を眺めて居る時間は非常に少ない。画に密着して、或時は机の上に椅子を載せて其の上に乗って掻いて居る。二度も落ちた事がある。或時は床に座布団を敷いて、寝転んで低い所を描く事もある。一日画を眺めて居ては自分は鑑賞者になって仕舞ふ。自分は画を描く人だから、最後に出来上がったと思った時に画を見て、一気に誤った所は何の躊躇もなく修整してしまふ。其の時に随分丁寧に描いたと思ふ所でも消し取ってしまふ事もあり、何か気に掛かった所は必ず自分の手落ちであるから大胆に修整してしまふ。少なくとも朝の八時から晩の十時迄は描続けて居る。私の事を非常に早く画くとか、随分同僚に驚かれるが、決して早いのでもなく、器用に任して居る訳でもないが、結局描く時間に於いては、他の画家よりも多数の時間を要して居ると自分は確信して居る。色彩に於いても、変色しない色を選んで居る。特に油に於いては、最も良質の油を五六種は混用して居る。絵の具が画布に密着して、硬性に落剥しない様に、又は何度も〳〵透明色を重ねて、色の美しさを失わない様にやって居る。画面のどの部分を切り取っても絵画の作品の美しさは失わせたくない。譬え一枚の作品が空襲を受けた場合に、其の五分の一が残っても、十分の一が残っても、其の画の全体が窺われる様なマチエールの堅固さとか、色彩の良質さとかいふものを窺われる様に注意して居る。細部に亘って正確、写実に何の誤りもなく、又大まかに見てもいゝ画が描きたいと、つまり近寄って見ても、遠く離れてもいゝ画が描きたい。一般の人々にも感銘を与え、又芸術家が見ても納得の行く技術を其処に現したい。戦争画の多くの作品に、よく其の画家が従来描いて居た様な、戦争画以外の画の連続の様なものを見受ける事が非常に多い。戦争画は全く別個のもので、私は戦争画自分の今迄習得した技巧とか、又は普段描いて居た以上、より更に総ての自分の創案を加へて、全く新しい工夫を其処に創造するのが本当だと思ふ。戦争画の模倣とか借り物とかは、観て何等の感興をを生まない。戦争画には種々な様式があってい丶と思ふ。陰鬱な或いは暗黒な場面の暗い戦争画とか、或いは明朗な明るい戦争画、技巧も其の画〳〵によって変へて描くべきものだと思ふ。今日の戦闘は、殆ど多くが夜とか払暁にかけて行われるので、暗黒になり勝ちだが、更に戦争画の戦闘に、壮烈さとか凄みを加える為には、其処に宇宙の現象を借りて、普通の風景画より以上に雰囲気を増加させたい。私は雲間を洩れる月の光とか、霞とか、稲妻とか、スコールとか、風とかといふものを多く採り入れて、戦闘に更に一種の雰囲気を増さしめて居る。名或る戦争画の傑出せる作品は絵画の史上に於いての傑作であり得るのである。名前を列記して挙げる必要はないが、世界の巨匠の戦争画は、実に名画として其の実証を明らかにして居る。日本で戦争画の名画が出ないといふ訳はない。ありと凡ゆる画題の綜合したものが戦争画である。風景も人物も静物も、総てが混然として其処に雰囲気を起こす。今日我々が最も努力し甲斐のあるこの絵画の難問題を、この戦争のお陰によって勉強し得、更にその画が戦争の戦意昂揚のお役にも立ち、後世にも保存せられるという事を思ったならば、我々今日の画家程幸福な者はなく、誇りを感ずると共に、その責任の重さはひし〲と我等を搏つものである。

（筆者は油絵画家、帝国芸術院会員）

注・旧漢字は新漢字に改めた

資料6

算数と道徳教育との関連

学年	巻頁	単元名(タイトル)	具体的な取扱い内用	道徳教育の内容
1年	104	ひきざん	教室の飾り付けをみんなで協力して仕事を進める	勤労
	142	いまなんじ	生活を反省し、よりよい生活習慣の形成の材料にする	基本的な生活習慣
2年	上 10	ひょうとグラフ　時こくと時間	生活を反省し、よりよい生活習慣の形成の材料にする	基本的な生活習慣
	上 32	ひき算	話し合いにおいてお互いの考えや意見を尊重する	友情
	上 88	たし算とひき算の筆算	リサイクル活動において、目標をもって取り組もうとする	努力、勤労
	上 93	たし算とひき算の筆算	缶の分別活動を通じて、社会のきまりにふれる	公徳心
	下 42	長方形と正方形	しきつめられた図形の美しさについてふれる	畏敬の念
3年	上 16	【昔の九九】	昔の人の努力を知り、進んで勉強しようとする態度を育てる	郷土愛、愛国心
	上 84	時間の計算と短い時間	日常生活での時刻の計算の活用にふれながら、家族の中での協力について関心を高める	自主、自立、努力 勤労、家族愛
	上 85	時間の計算と短い時間	生活を反省し、よりよい生活習慣の形成の材料にする	自主、自立
	上100	【どうよむのかな?】	日本の古語や外国語の数の表現に触れ、いろいろな数の表現の仕方について関心を高める	愛国心、国際理解
	下 11	【外国の長さの単位】	外国の長さの単位にふれ、異なる単位系や文化への関心を高める	愛国心
	下 12	【昔の長さの単位】	昔の長さの単位や楽器についてふれ、関心を高める	郷土愛、愛国心
	下 74	三角形と角	話し合いにおいてお互いの考えや意見を尊重する	信頼、友情
	下 84	三角形と角	しきつめられた図形の美しさについてふれる	畏敬の念
4年	上 4	大きい数	日本や各国の人口を題材に、外国について関心を深める	国際理解
	上 50	【日本の時刻、世界の時刻】	世界と日本の時刻の違いから、外国と日本への関心を深める	愛国心、国際理解
	上 99	【5のかたまり】	しきつめられた図形の美しさについてふれる	愛国心、国際理解
	上123	四角形	教室の飾り付けをみんなで協力して仕事を進める	畏敬の念
	下 56	整理のしかた	交通ルールや食事のマナー、協力者への感謝について知る	礼儀、公徳心
	下114	【昔の時刻の数え方】	昔の時刻について知る	愛国心
	下134	代金をうまく見積もろう	家族の中での手伝いなどについて関心を高める	自主、自立、家族愛
5年	上 23	図形の角と合同	図形のしきつめを通して、その美しさや不思議さにふれる	畏敬の念
	上110	オムレツをつくろう	オムレツづくりを通して家族の協力を知る	努力、家族愛
	下 86	【長方形を正方形にできるかな】	和算の問題を考え、伝統や文化にふれる	郷土愛、愛国心
	下100	正多角形と円	正多角形の美しさにふれる	畏敬の念
	下124	正多角形と円	円周率の歴史にふれ、日本や世界の数学者の業績を知る	畏敬の念、愛国心
	下114	【算数が好きなしるし】	算額について知り、和算という日本古来の文化に関心を深める	愛国心
6年	上 4	対称な図形	図形の対称性の美しさにふれる	畏敬の念
	上 13	対称な図形	対称性の美しさにふれる	畏敬の念
	上 48	【30分って何時間?】	日本、英語での時間の表現の仕方を知り、分数の学習と結びつける	国際理解
	上 53	分数のわり算	話し合いにおいてお互いの考えや意見を尊重する	尊敬、感謝
	上 82	【土俵ってどのくらいの大きさなの?】	国技である相撲の土俵の大きさについて考え、伝統にふれる	愛国心
	上100	【地球にある水のおよその量】	地球上の水は膨大な量にのぼること、しかし、人間が使える水の量はその中のごく一部であることを知る	環境保全
	上116	スポンジケーキのつくり方について考えよう	ケーキづくりを通して、家族を大切に思い、そのために努力する	努力、家族愛
	下 44	場合の数	諸外国の人との挨拶にふれながら、場合の数について考える	国際理解
	下 48	場合の数	目的地につく条件を整理し、自主的に計画やものごとを進めることについて考える	自主、自立、役割と責任
	下 71	メートル法	外国での単位の表現、日本古来の単位について知る	愛国心、国際理解
	下 90	マテマランドの探検	和算の問題にふれ、関心を高める	愛国心
	下100	マテマランドの探検	自然の中にあるフィボナッチ数について知り、その不思議さにふれる	畏敬の念
	下112	いかす算数	伝統的な棒ばかりについて知る	愛国心

(日本文教出版)

●教科書の採択にあたっては各社とも見本教科書に添えて教科毎に〝編集の趣意や特色〟を記した解説を出しています。学習指導要領の「道徳教育は道徳の時間を要として教育活動全体で行う」に従ってどの社も各教科の解説に道徳との関連の項を設けていますが、これは日本文教出版社の「小学校算数」解説の関連部分です。(著者)

資料7 『みんなの道徳4年』（学研みらい）

12 レスリングの女王 吉田沙保里《よしださおり》

ロンドン大会でゆう勝を決め、日の丸をかかげる吉田沙保里選手。

レスリングは、明治《めいじ》二十九（一八九六）年の第一回アテネオリンピックから長く行われてきた、伝統《でんとう》のある競技《きょうぎ》です。相手と組み合い、ポイントをうばい、最後《さいご》はフォール（相手の両かたをマットに付ける）をねらう、かくとうぎです。

そのオリンピックで、平成《へいせい》十六（二〇〇四）年のアテネ大会から平成《へいせい》二十四（二〇一二）年のロンドン大会まで、三大会連《れん》続《ぞく》で金メダルを取ったのが、吉田沙保里選手《よしださおりせんしゅ》です。

吉田選手《よしだせんしゅ》は、お父《とう》さんが指導《しどう》するじたくの道場で、三さいからレスリングを始めました。初《はじ》めはやわらかいマットでごろごろしたり、でんぐり返しをしたり、友達《ともだち》とじゃれ合っているのが楽しかった。それから少しずつお父《とう》さんにレスリングを教えてもらうようになり、相手の体を返したり、投げることができるようになっていきました。

子どもの試合《しあい》に出場するようになると、自分より強い子に、それがたとえ男の子であっても、負けないよう毎日一生けんめい練習しました。そのかいあって、同年代の子に負けないようになると、今度は年上のお兄《にい》ちゃん、お姉《ねえ》ちゃんを追いかけました。つねに自分より強い人にちょうせんしてきたのです。

資料8 『小学道徳六年』（日本文教出版）

31 れいぎ正しさ

人間をつくる道 ―剣道《けんどう》―

初めての剣道《けんどう》の試合で負けてふてくされるぼくに、先生はなぐさめるどころか引き上げの見苦しさを注意します。

ぼく

「行ってきまあす。はあ……。」

と言ってげんかんを出たものの、やる気がわかない。かついでいる防具はほんとうに重たい。

ぼくが剣道《けんどう》を始めてもう三年になる。もともと、体をきたえるという目的で親にすすめられた剣道《けんどう》だが、友達《ともだち》のさそいで試合の前に見た「日《に》本剣道形《ほんけんどうかた》」が剣道《けんどう》を始めるきっかけになった。本物の刀を使って行われる形はほんとうにかっこよかった。その立ち姿《すがた》、剣《けん》の動きなどはとても美しく、自分もやってみたいとあこがれをいだいた。でも、そんな思いもふき飛ぶほど日々のけいこはたいへんだった。

最初は竹刀《しない》すら持たせてもらえなかった。正座《せいざ》の仕方、立ち方、礼の仕方など、いろいろなきまりをたたきこまれた。

やっと竹刀《しない》を持たせてもらえても、防具を着けるまでには一年もかかった。足の使い方、すぶりなど、同じ動作のくり返しばかり……。

とくに礼の仕方については厳《きび》しく指導された。

道場に入る前の礼、出ていくときの礼、正面に向かっての礼、相手とけいこを始めるときの礼など。こしを曲げる角度や目線も決まっていて、厳《きび》しく教えられた。

（何でこんなに礼にこだわるんだろう。）

こんな疑問《ぎもん》をいだきながらけいこにはげんだ。

＊**日本剣道形**《にほんけんどうかた》
大会などにおいて、通常開会式の最後に行われる、試合の前のぎしきの一つ。刃《は》を切れない状態にしてある刀を用いて行われる。

●資料7・8でみるように一連の道徳教材は戦前を彷彿させる。（著者）

資料9『少年倶楽部』（1932年5月号　講談社）

あゝ爆彈三勇士

資料10『少年倶楽部』（1932年5月号）

○「さうだ、アメリカ海軍《かいぐん》自慢《じまん》の飛行船《ひかうせん》アクロン號《がう》などは、あのツエッペリンのやうに狙《ねら》はれるかも知れないね」

むすび

△「叔父《をぢ》さん、僕《ぼく》は今日《けふ》のお話《はなし》を、かうお伺《うかゞ》ひしました。間違《まちが》つてはゐないでせうか。

一、アメリカ海軍《かいぐん》は戰艦《せんかん》が強《つよ》い。しかし日本《にっぽん》も決《けっ》して弱《よわ》くはない。

二、アメリカ海軍《かいぐん》は輪型陣《りんけいぢん》といふ陣立《ぢんだて》で東洋《とうやう》の海《うみ》へ進《すゝ》んで來《く》る。

三、しかし日本海軍《にっぽんかいぐん》は巡洋艦《じゅんやうかん》、驅逐艦《くちくかん》、潜水艦《せんすゐかん》が非常《ひじやう》に強《つよ》いから、この陣立《ぢんだて》はさう怖《こは》いものではない。

四、そこでアメリカは空中戰《くうちゅうせん》で勝《か》たうとする。

五、だが、日本空軍《にっぽんくうぐん》もまけてはゐないのだ。

六、しかし、アメリカは澤山《たくさん》の軍艦《ぐんかん》や飛行機《ひかうき》をつくつてゐるから、日本《にっぽん》は決《けっ》して油斷《ゆだん》してはいけない」

○「その通《とほ》りです。我々《われ〳〵》は何《なに》もアメリカと戰爭《せんさう》したくはない。しかし向《むか》ふから挑《いど》んで來《こ》られた時《とき》は決《けっ》して逃《に》げない。東洋《とうやう》の平和《へいわ》のために、大日本帝國《だいにっぽんていこく》の名譽《めいよ》のために、どこまでも戰《たゝか》ふといふ決心《けっしん》をもつてゐる。この決心《けっしん》があればこそ、天地《てんち》に恥《は》ぢない正義《せいぎ》の戰《たゝかひ》が出來《でき》るのです。アメリカばかりではない。イギリスにしても同《おな》じことだ。南洋《なんやう》のシンガポールに大《だい》軍港《ぐんかう》をこしらへたりして、日本《にっぽん》を假想敵《かさうてき》としてゐるが、氣《き》の毒《どく》なことではないか。又《また》、北《きた》の方《はう》には、ロシヤが世界《せかい》一の大陸軍《だいりくぐん》をこしらへて我《わ》が國《くに》を狙《ねら》つてゐるが、日《にっ》本は少しもそれを恐れない。支那《しな》が將來又々《しやうらいまた〳〵》無茶苦茶《むちやくちや》な復讐戰《ふくしうせん》などといふものを企《くはだ》てゝも、帝國《ていこく》は決《けっ》してゆるがない。天皇陛下《てんのうへいか》を中《ちう》心《しん》と仰《あふ》いでゐる我《わ》が國《こく》家《か》、我《わ》が軍隊《ぐんたい》は、正義《せいぎ》のためならあくまで戰《たゝか》ふといふ悲壯《ひさう》な決心《けっしん》をかためてゐるのだ。ロシヤの陸軍《りくぐん》のこと、支那軍《しなぐん》のことなどは、アメリカ海軍《かいぐん》のことよりも、かへつて重大《ぢうだい》な位《くらゐ》だから、又明日《またあす》の晩《ばん》色々《いろ〳〵》お話《はな》しして上《あ》げませう」

△「叔父《をぢ》さん、いろ〳〵有難《ありがた》う。日本《にっぽん》はやはりどこまでも正義《せいぎ》の國《くに》、尚武《しやうぶ》の國《くに》として行《ゆ》けばよいのですね」

○「さうだ。さうだ。それから御國《みくに》の名《な》は日本《にっぽん》、日本《にっぽん》と呼《よ》びすてにせず、大日本帝國《だいにっぽんていこく》と呼《よ》ぶやうにしなければいけないよ」

（馬《ば》場《ば》射《しゃ》地《ち》畫《ぐゎ》）

これは、おうちの方《かた》にもぜひ讀《よ》んで戴《いたゞ》いて下《くだ》さい。また學校《がくかう》へ持《も》つていつて、先生《せんせい》にも、お友《とも》だちにも見《み》せてあげて下《くだ》さい。みんな、きつと喜《よろこ》んで下《くだ》さるにちがひありません。

日本《にっぽん》もし戰《たたか》はば

次號《じがう》にもこのつゞきが出《で》ます。お待《ま》ち下《くだ》さい。

資料11

まんが「猛犬連隊　のらくろ1等兵」田川水泡（『少年倶楽部』1932年5月号　講談社）

- 1932年「爆弾三勇士」の美談が仕立てられ、人気漫画「のらくろ1等兵」のなかでも取り上げられた。（著者）

田河先生《たがはせんせい》はいよいよのらくろに上等兵《じやうとうへい》を授《さづ》けた。さあ六月號《ぐわつがう》はどうなる??

資料12 新聞広告　1943年3月（『帝国ニッポン標語集』現代書館　1989年より）

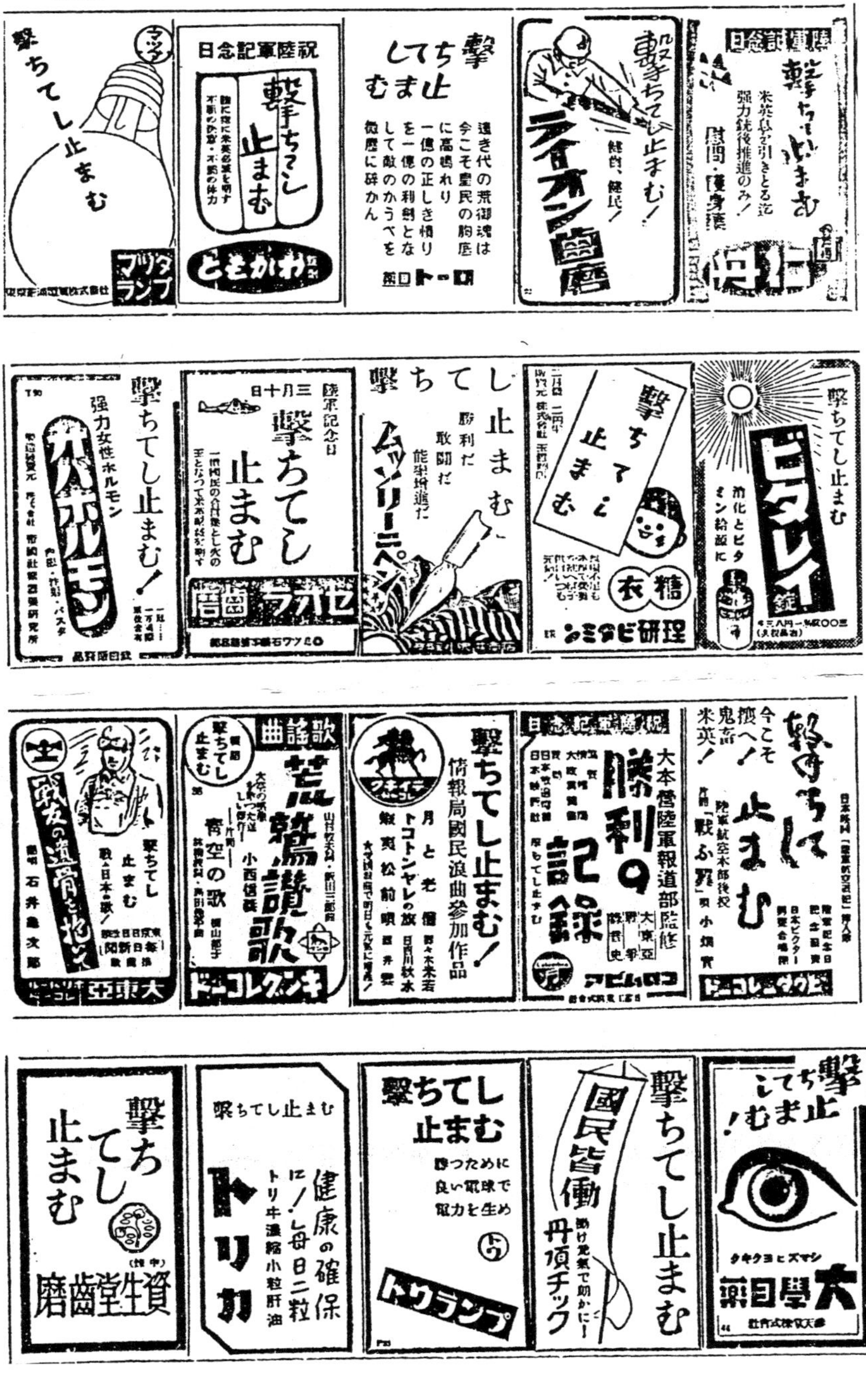

新聞広告／一九四三(昭18)年三月

資料13

『写真週報』1943年3月31日号より

時の立札

昭和十八年三月卅一日　（水曜日）　第七十號

校門は營門に通じてゐる
學生生徒の生活もそのまゝが
戰ふ國家の一分野
逞しい上にも逞しく
若い力と意志とを捧げて
必勝の道を驀進しよう

「時の立札」は他へ轉載その他に御利用下さい

北村小夜　きたむら　さよ
1925年生まれ。1950年から86年まで教員。
(1965年から退職まで特殊学級の担任)
「障害児を普通学校へ・全国連絡会」世話人

著書:『普通学級に入って自立を探る』共著　明治図書(1985年)
『慈愛による差別』軌跡社(1991年)
『一緒がいいならなぜ分けた——特殊学校の中から』以下現代書館(1987年)
『おもちゃ箱ひっくり返した——ひとりの女・教師の半生』(1988年)
『能力主義と教育基本法「改正」——非才、無才、そして障害者の立場から考える』(2001年)
『戦争は教室からはじまる——元軍国少年・北村小夜が語る』「日の丸君が代」強制に反対する神奈川の会編(2008年)

教科書に書かれなかった戦争 Part 69
画家たちの戦争責任
——藤田嗣治の「アッツ島玉砕」をとおして考える

2019年9月15日　初版発行
著　者:　北村小夜
装　丁:　宮部浩司
発行者:　羽田ゆみ子
発行所:　梨の木舎
〒101-0061 東京都千代田区神田三崎町2-2-12 エコービル1階
TEL. 03(6256)9517　FAX. 03(6256)9518
Eメール　info@nashinoki-sha.com
http://nashinoki-sha.com
D T P:具羅夢
印　刷:㈱厚徳社

34. いちじくの木がたおれぼくの村が消えたー クルドの少年の物語	ジャミル・シェイクリー著	1340円	
35. 日本近代史の地下水脈をさぐる 一信州・上田自由大学への系譜	小林利通著	3000円	
36. 日本と韓国の歴史教科書を読む視点	日本歴史教育研究会編	2700円	品切
37. ぼくたちは10歳から大人だった 一オランダ人少年抑留と日本文化	ハンス・ラウレンツ・ズヴィッツァー著	5000円	
38. 女と男　のびやかに歩きだすために	彦坂諦著	2500円	
39. 世界の動きの中でよむ　日本の歴史教科書問題	三宅明正著	1700円	
40. アメリカの教科書に書かれた日本の戦争	越田稜著	3500円	
41. 無能だって？それがどうした?! 一能力の名による差別の社会を生きるあなたに	彦坂諦著	1500円	
42. 中国撫順戦犯管理所職員の証言一写真家新井利男の遺した仕事	新井利男資料保存会編	3500円	
43. バターン　遠い道のりのさきに	レスター・I.テニー著	2700円	
44. 日本と韓国の歴史共通教材をつくる視点	歴史教育研究会編	3000円	品切
45. 憲法9条と専守防衛	箕輪登・内田雅敏著	1400円	
47. アメリカの化学戦争犯罪	北村元著	3500円	
48. 靖国へは行かない。戦争にも行かない	内田雅敏著	1700円	
49. わたしは誰の子	葉子・ハス－綿貫著	1800円	
50. 朝鮮近代史を駆けぬけた女性たち３２人	呉香淑著	2300円	
51. 有事法制下の靖国神社	西川重則著	2000円	
52. わたしは、とても美しい場所に住んでいます	基地にNO！アジア・女たちの会編	1000円	
53. 歴史教育と歴史学の協働をめざして —ゆれる境界・国家・地域にどう向きあうか	坂井俊樹・浪川健治編著	3500円	
54. アボジが帰るその日まで	李熙子・竹見智恵子著	1500円	
55. それでもぼくは生きぬいた 一日本軍の捕虜になったイギリス兵の物語	シャーウィン裕子著	1600円	
56. 次世代に語りつぐ生体解剖の記憶 一 元軍医湯浅さんの戦後	小林節子著	1700円	
57. クワイ河に虹をかけた男一元陸軍通訳永瀬隆の戦後	満田康弘著	1700円	
58. ここがロードス島だ、ここで跳べ、	内田雅敏著	2200円	
59. 少女たちへのプロパガンダ 一「少女倶楽部」とアジア太平洋戦	長谷川潮著	1500円	
60. 花に水をやってくれないかい？ 一 日本軍「慰安婦」にされたファン・クムジュの物語	イ・ギュヒ著/保田千世訳	1500円	
61. 犠牲の死を問う一日本・韓国・インドネシア	高橋哲哉・李泳采・村井吉敬／コーディネーター内海愛子	1600円	
62. ビデオ・メッセージでむすぶアジアと日本 ——わたしがやってきた戦争のつたえ方	神直子著	1700円	
63. 朝鮮東学農民戦争を知っていますか? ——立ちあがった人びとの物語	宋基淑著／中村修訳	2800円	
64. 韓国人元BC級戦犯の訴え——何のために、誰のために	李鶴来著　解説 内海愛子	1700円	
65. 2015年安保、総がかり行動 一大勢の市民、学生もママたちも学者も街に出た	高田健著	1800円	
66. 歴史を学び、今を考える ——戦争そして戦後	内海愛子・加藤陽子 著	1500円	
67. ラケットはつくれない、もうつくれない ——戦時下、下町職人の記憶	青海美砂 著 五十嵐志朗 画	2000円	
68. 過去から学び、現在に橋をかける ——日朝をつなぐ35人、歴史家・作家・アーティスト	朴日粉 著	1800円	

●シリーズ・教科書に書かれなかった戦争——既刊本の紹介● 20.46.欠番 価格は本体表記(税抜)

1. 教科書に書かれなかった戦争	アジアの女たちの会編	1650円	
2. 増補版 アジアからみた「大東亜共栄圏」	内海愛子・田辺寿夫編著	2400円	
3. ぼくらはアジアで戦争をした	内海愛子編	1650円	
4. 生きて再び逢ふ日のありや―私の「昭和百人一首」	高崎隆治撰	1500円	在庫僅少
5. 増補版 天皇の神社「靖国」	西川重則著	2000円	在庫僅少
6. 先生、忘れないで!	陳野守正著	2000円	
7. 改訂版 アジアの教科書に書かれた日本の戦争—東アジア編	越田稜編著	2200円	
8. 増補版 アジアの教科書に書かれた日本の戦争—東南アジア編	越田稜編著	2500円	
9. 語られなかったアジアの戦後—日本の敗戦・アジアの独立・賠償	内海愛子・田辺寿夫編著	3107円	品切
10. 増補版 アジアの新聞が報じた自衛隊の『海外派兵』と永野発言・桜井発言	中村ふじゑ他翻訳・解説	2700円	
11. 川柳にみる戦時下の世相	高崎隆治選著	1825円	
12. 満州に送られた女たち大陸の花嫁	陳野守正著	2000円	品切
13. 増補版 朝鮮・韓国は日本の教科書にどう書かれているか	君島和彦・坂井俊樹編著	2700円	在庫僅少
14.「陣中日誌」に書かれた慰安所と毒ガス	高崎隆治著	2000円	
15. ヨーロッパの教科書に書かれた日本の戦争	越田稜編著	3000円	
16. 大学生が戦争を追った—山田耕筰さん,あなたたちに戦争責任はないのですか	森脇佐喜子著・解説高崎隆治・推薦内海愛子	1650円	
17. １００冊が語る「慰安所」・男のホンネ	高崎隆治編著		品切
18. 子どもの本から「戦争とアジア」がみえる—みんなに読んでほしい300冊	長谷川潮・きどのりこ編著	2500円	
19. 日本と中国-若者たちの歴史認識	日高六郎編	2400円	品切
21. 中国人に助けられたおばあちゃんの手からうけつぐもの	北崎可代著	1700円	
22. 新装増補版・文玉珠-ビルマ戦線楯師団の「慰安婦」だつた私	語り・文玉珠/構成と解説森川万智子	2000円	
23. ジャワで抑留されたオランダ人女性の記録	ネル・ファン・デ・グラーフ著	2000円	
24. ジャワ・オランダ人少年抑留所	内海愛子他著	2000円	
25. 忘れられた人びと—日本軍に抑留された女たち・子どもたち	S・F・ヒュ-イ著・内海愛子解説	3000円	
26. 日本は植民地支配をどう考えてきたか	和田春樹・石坂浩一編	2200円	
27.「日本軍慰安婦」をどう教えるか	石出法太・金富子・林博史編	1500円	
28. 世界の子どもの本から「核と戦争」がみえる	長谷川潮・きどのりこ編著	2800円	
29. 歴史からかくされた朝鮮人満州開拓団と義勇軍	陳野守正著	2000円	
30. 改訂版 ヨーロッパがみた日本・アジア・アフリカ—フランス植民地主義というプリズムをとおして	海原峻著	3200円	
31. 戦争児童文学は真実をつたえてきたか	長谷川潮著	2200円	
32. オビンの伝言—タイヤルの森をゆるがせた台湾・霧社事件	中村ふじゑ著	2200円	
33. ヨーロッパ浸透の波紋	海原峻著	2500円	

梨の木舎の本

奪われたクリムト
――マリアが黄金のアデーレを取り戻すまで

エリザベート・ザントマン 著／永井潤子・浜田和子 訳
A5変型／ 172頁／定価2200円＋税　カラー口絵・本文2色刷り

◉ 20 世紀最大の美術品スキャンダルを追う。
著者から日本の読者へ――「マリア・アルトマンが、自分が相続した「黄金のアデーレ」を取り戻そうとしたとき、小さなニットウェアの店を営んでいて、80 歳でした。奪われた絵を取り戻す計画が長期の、神経をすり減らすたたかいになることがわかったのちでも、決して怯みませんでした」

978-4-8166-1902-1

マイ・レジリエンス
――トラウマとともに生きる

中島幸子 著
四六判／ 298頁／定価2000円＋税

DV をうけて深く傷ついた人が、心の傷に気づき、向き合い、傷を癒し、自分自身を取り戻していくには長い時間が必要です。4 年半に及ぶ暴力を体験し、加害者から離れた後の 25 年間、PTSD（心的外傷後ストレス障害）に苦しみながらうつとどう向き合ってきたか。著者自身のマイ・レジリエンスです。

978-4-8166-1302-9

しゃべり尽くそう！ 私たちの新フェミニズム

望月衣塑子・伊藤詩織・三浦まり・平井美津子・猿田佐世 著
四六判/190頁／定価1500円＋税

◉目次　言葉にできない苦しみを、伝えていくということ・伊藤詩織／女性＝アウトサイダーが入ると変革が生まれる――女性議員を増やそう・三浦まり／「先生、政治活動って悪いことなん?」子どもたちは、自分で考えはじめている――慰安婦」問題を教え続けて・平井美津子　／自発的対米従属の現状をかえるために、オルタナティブな声をどう発信するか――軍事・経済・原発・対アジア関係、すべてが変わる・猿田佐世

978-4-8166-1805-5

広がる食卓
――コミュニティ・レストラン

世古一穂 編著
A5判／ 156頁／定価1700円＋税

「分かち合いの経済」でいきませんか？ 参加型・地域循環型社会づくりの水先案内本です。
◉目次　1 コミレスってなあに？／ 2 モデルコミレスを紹介します／ 3 地域に広がるコミレス
●そこで暮らす人たちが、日々の食事や子育てや介護でつながり、分かちあう場です。地域の楽しくユニークな実践を紹介します。

978-4-8166-1901-4